MES ADIEUX AU MONDE,

OU

MON ENTRÉE

A

L'ABBAYE DE LA TRAPPE;

PAR M.r HENRI A.,

Membre de plusieurs Sociétés savantes et littéraires
de Paris, et de celle académique de Nantes.

A NANTES,

IMPRIMERIE D'HÉRAULT, RUE DE GUÉRANDE.

1826.

AU
TRÈS-PIEUX ET TRÈS-RÉVÉREND PÈRE ABBÉ DE L'ABBAYE DE LA TRAPPE DE MEILLERAY.

T<small>RÈS</small>-R<small>ÉVÉREND</small>,

En osant vous prier d'accepter la dédicace de ces Lettres, je n'ai point eu la prétention de croire que leur style et la versification pourraient vous plaire. Mais ce qui m'a rassuré, <small>MON</small> T<small>RÈS</small>-R<small>ÉVÉREND</small>, *c'est que j'étais presque sûr que le fond de ce petit ouvrage ne pourrait manquer de vous être infiniment agréable.*

S<small>A</small> R<small>ÉVÉRENCE</small> *y trouvera, du reste, les sentiments dont son cœur* est pénétré, c'est-à-dire, une piété tendre, éclairée ; une bonté compatissante et active ; enfin, l'amour d'un Dieu victime de nos péchés. Puissent l'exemple et la pratique de tant de vertus, MON TRÈS-RÉVÉREND, éclairer, inspirer et soutenir long-temps des Frères soumis dont vous partagez le cœur avec tant de charité, de dévotion et de sensibilité ! Ce sont, MON TRÈS-RÉVÉREND ET TRÈS-PIEUX PÈRE, les vœux les plus ardents qu'unit avec admiration et au plus profond respect pour votre personne,

TRÈS-RÉVÉREND,

Le plus humble et le plus obéissant de vos serviteurs.

HENRI A.

PRÉFACE.

En publiant ces Lettres, j'ai bien pressenti que je n'échapperais pas aux critiques, ni même à quelques sarcasmes offensants; je n'ai pas prétendu non plus rendre meilleurs ces hommes qui ne croient point à la vertu, et qui ont tant d'intérêt de n'y pas croire, et je n'ai pas pensé non plus inculquer que j'étais devenu meilleur, ni plus religieux. La croyance de quelques personnes, sur ce point, m'offenserait bien plus qu'elle ne m'enorgueillirait. On croit rarement à un retour subit du grand mal au grand bien. Du reste, les hommes ne se montrent jamais ce qu'ils sont : tel, souvent, passe dans le monde pour probe et édifiant, qui n'est pourtant que le contraire. De même que les salons, les boudoirs et les cafés font la réputation des ouvrages et des hommes; de même, dis-je, ce pauvre monde, trafiquant des réputations, comme le Juif de l'or faux, a prouvé que son jugement et ses réputations étaient presque toujours en opposition avec la vérité.

Que doit donc faire, dans cette occurrence, l'homme sûr de sa propre conscience, de sa vertu et de son innocence ? Suivre sans ménagement pour un Public presque toujours injuste, qui ne lit que trop souvent dans le grand livre des *On dit*, et qui ne vous tient jamais compte des sacrifices que vous faites pour lui; suivre, dis-je, hardiment les mouvements et les impulsions de son cœur : c'est ce que j'ai fait, en composant ces Lettres.

Veut-il se faire Trappiste? disent les uns; Est-il devenu cagot, disent les autres? Eh! non, Messieurs. D'abord, il n'a pas assez de perfection pour aller à la Trappe, ni assez de politique pour se faire cagot; il ne brigue non plus ni honneurs ni places; il ne frondera pas plus qu'il n'a fait l'opinion publique, cette reine forte, jalouse et tyrannique; il ne se prosternera pas plus au pied des autels; il ne fuira pas davantage le monde : mais il se donnera bien de garde de le rechercher, parce qu'il est convaincu qu'une douce solitude est préférable à son bruyant fracas.

Après avoir fait ma profession de foi au Public, il est pourtant juste de le rassurer sur ses doutes à mon égard, et de lui dire que ces Lettres ne sont venues à ma pensée, que par un voyage fait récemment à l'Abbaye de la Meilleray. Rendu chez moi, frappé de la religion et des vertus de ces pieux cénobites, plus encore de celles supérieures du vénérable et spirituel Abbé, je n'ai pu résister au désir de payer un juste tribut d'éloges à ces dignes Religieux.

Ce ne serait rien savoir, que de ne connaître que les pratiques religieuses et austères de cette sainte maison ; ce sont les bienfaits que l'on peut retirer de ce Christianisme, c'est l'art ingénieux avec lequel la Religion, dans cette douce retraite, varie ses dons, répand ses secours, distribue ses productions, sa charité, ses remèdes et ses lumières : tout y est ménagé, jusqu'aux délicatesses de sentiments, jusqu'aux amours-propres, enfin jusqu'aux faiblesses.... Tant d'exemples de charité et d'inconcevables sacrifices, qui se sont passés devant mes yeux, m'ont forcé à défendre une si louable institution contre les traits de ceux qui la calomnient sans jamais l'avoir approfondie. « Un peu de philosophie, dit Bâcon, éloigne de la Religion, et beaucoup de philosophie y ramène. » Du reste, convenons que, sans la Religion et cette vie contemplative, qui, dans les premiers siècles, ont inspiré de pieux Religieux, peut-être ignore-

x

rions-nous encore l'art de nous nourrir.

De quel côté que l'on envisage cette institution admirable, on voit qu'elle agrandit la pensée, et qu'elle est propre à l'expression des sentiments généreux: ses dogmes ne s'opposent, non plus, à aucune vérité naturelle, et sa doctrine ne défend aucune étude utile.

Telles sont les mœurs et les coutumes de presque tous les Ordres religieux de la vie contemplative; mais ces coutumes, ces pratiques, n'ont de prix et ne sont si belles, que parce qu'elles sont unies aux méditations et aux prières. Otez-en le nom et l'espérance d'un Être suprême, le charme en est presque détruit. Les Ordres religieux sont donc des écoles de morale en action instituées au milieu des plaisirs du siècle : exemple trop vrai de la misère humaine aux yeux du vice et de la prospérité.

En effet, quel spectacle plus touchant que celui d'un Trappiste mourant ! Quel avertissement pour les grands et pour les mondains ! Grand Dieu ! quelle haute philosophie ! Étendu sur un peu de paille et de cendre, le mourant est déposé dans le sanctuaire de l'Église; ses Frères, rangés autour de lui, en silence, l'écoutent ! Il les appelle à la vertu, il les exhorte à supporter sans effroi cette dernière heure, tandis que le beffroi sonne son agonie ! Et, effet touchant de cette haute philosophie, ce sont les vivants qui engagent le moribond à quitter courageusement la vie ! Chose plus sublime encore, inconnue des âmes matérielles, c'est ce mourant qui parle de la mort avec calme et indifférence ! A la vérité, aux portes de l'éternité, il la doit mieux connaître qu'un autre. Cette voix, qui résonne déjà entre des ossements, a plus d'autorité pour convaincre de la pénitence et de la résignation aux peines attachées à la faible humanité.

Ainsi donc, plus de doute, comme l'a dit un homme de génie, que « *C'est par la mort que la morale est entrée dans la vie*, et, comme lui, je crois que, si l'homme fût demeuré immortel, peut-être n'eût-il jamais connu la vertu.

Sans doute, et je le sens, il eût

fallu une plume plus éloquente que la mienne, pour peindre plus dignement les vertus et les pratiques austères de ce cloître; mais le plus bel éloge que l'on en puisse faire, et que l'on puisse présenter au Public, c'est le catalogue des travaux auxquels ces pieux Frères se sont consacrés. La Religion laisse bien à notre cœur le soin de nos joies, comme une tendre mère s'occupe du soulagement des douleurs de ses enfants; de même, dans ce saint asyle, tous ses fils sont appelés à son service ; tous sont dévoués au soulagement des humains.

Nous voyons donc encore avec peine, des gens pour qui le seul nom ou la vue d'un Trappiste est un objet de risée. Nous le répétons; ces Frères, loin de recevoir nos injures, ont droit à notre respect tout entier : ce respect serait arraché même au plus dur Spartiate, en voyant ces compatissants Religieux mouiller à grosses gouttes, par dévoument pour la chétive espèce humaine, un froc qu'ils ont pour toujours rendu sacré, en dépit des sarcasmes des prétendus esprits forts. Et pourtant, convenons-en, quel profit revient-il à ces Frères, de tant de sacrifices, sinon la dérision de quelques personnes, et les injures mêmes de ceux qu'ils comblent de bienfaits.

O Thalès! ô Anacharsis! vous moquiez-vous de ces Pères à longue barbe, et de leur robe antique, lorsque vous voyagiez en Grèce et en Asie?

Et vous, sage et discret Pythagore, qui prêtiez avec transport l'oreille au marteau du forgeron, qu'eussiez-vous ressenti au bruit des cloches, la veille d'une solennité religieuse de ce cloître, objet du ridicule de quelques personnes, plus aveugles que coupables? Après tout, pour éviter de se plonger dans l'infortune, est-ce donc un malheur, ou un crime pour l'humanité, de prononcer un vœu perpétuel, qui nous force à une règle inviolable; surtout quand ce vœu et cette règle n'ont d'autre but, que de nous défendre et nous préserver des illusions du monde? Quelle si grande privation l'homme éprouve-t-il donc, en prenant de semblables résolutions?

Les passions, chez l'homme surtout,

ne se prononcent guère qu'à vingt ans; à quarante ans, elles sont éteintes ou détrompées. Ainsi donc, ce serment indissoluble nous prive, tout au plus, de quelques années de désirs et de plaisirs, pour faire ensuite la paix de toute notre vie, et nous arracher quelquefois aux regrets et aux remords attachés au reste de nos jours. Si nous balancions les maux qui naissent des passions, ceux que nous éprouvons dans la société, avec le peu de joies que nous donnent ce monde et cette société tant recherchée, nous conviendrions que la retraite est un grand bien, même dans les plus beaux instants de la jeunesse.

Citez-nous, me disait l'autre jour un de mes amis très-répandu dans xvij

le monde, citez-nous les vœux politiques du Spartiate et du Crétois : ces vœux sont bien supérieurs à ceux monastiques ! Sans doute, comme vous, nous convenons qu'il y a une grande vertu à tout sacrifier pour le bien public et sa patrie ; mais aussi, nous vous le demanderons, ces vœux sont-ils sans orgueil, sans cynisme ? Il en est bien autrement de celui du Religieux. Celui-là est prononcé avec désintéressement, avec humilité ; il n'est imposé par personne ; il offre, en échange de l'amour-propre et d'une vertu stoïque, une compensation immense pour ces amours terrestres que l'on sacrifie. Oui, il est sublime de voir l'homme, né libre et fait pour l'être, cherchant en vain son bonheur dans sa volonté, puis, fatigué de ne trouver ici-bas rien qui soit digne de lui, se faire une nécessité de se créer et d'aimer à jamais un Être suprême !

Nous pourrions beaucoup nous étendre sur les règles et les travaux de ces pieux cénobites ; mais le savant et modeste Mr RICHER, ayant donné un ouvrage très-exact et très-bien écrit sur tout ce qui concerne cette sainte maison, nous y renvoyons nos lecteurs *.

Nous terminerons donc cette Préface, par assurer à quelques personnes,

---

* Ce petit ouvrage et tous ceux du célèbre M. RICHER se vendent à Paris, et à Nantes, chez M. Mellinet.

qui croient que des distinctions humaines se font reconnaître dans cet Ordre, que, loin de là, l'humanité, la fraternité et l'union la plus pure en font l'essence : là, le pauvre comme le riche est reçu avec bonté ; cet asyle est offert au grand comme au petit; cette ruche sainte, enfin, accueille l'abeille et les frêlons.

Nous le répétons, cette institution, loin d'arrêter les progrès des lumières et de la civilisation, comme le pensent à tort certaines gens, les agrandit par son commerce extérieur et intérieur : beaucoup d'innovations en agriculture et dans les arts mécaniques, prises de ces Religieux, ont été mises à profit avec succès dans le département; la classe ouvrière se ressent aussi de xx

l'établissement de leurs manufactures, par la baisse du prix des marchandises et par leur perfectionnement. Quant à leurs pratiques religieuses, tous les témoignages historiques sont en leur faveur.

MES ADIEUX AU MONDE,

OU

MON ENTRÉE

À

L'ABBAYE DE LA TRAPPE.

> Ici, viennent mourir les derniers bruits du monde;
> Nautonniers sans étoile; abordez, c'est le port!
> Ici, l'âme se plonge en une paix profonde,
>   Et cette paix n'est pas la mort.   (*Lam.*)

LETTRE PREMIÈRE.

C'en est fait, cher Alphonse, rayé du livre de vie, mon âme a cessé de voir la lumière terrestre. Dans ce séjour saint, mes chagrins vont finir,

Ô mon ami! ô mon frère, cessez de plaindre le pauvre Alcide; l'homme sage doit se soutenir, et céder à la volonté céleste.

Il est vrai, long-temps, votre amitié calma mes douleurs; l'épanchement de votre cœur dans le sein d'un ami qui vous fut toujours attaché, m'avait, je ne puis plus le taire, fait balancer sur la résolution que j'ai prise de dire adieu à ce monde séducteur et trompeur.

Dans cette retraite sainte et sous ces voûtes sacrées; ô mon ami! les orages s'évanouissent : tous les traits de vos ennemis s'émoussent et sont sans force. Ici, votre cœur est à l'abri du funeste poison de l'amour, et de toutes les vicissitudes humaines; ici, le calme de l'âme remplace le bruyant fracas du monde : les plaisirs de cette retraite, bien différents de ceux de la société, sont sans peine et sans remords. Dans ce cloître silencieux, mon imagination se remplit des sentiments qu'une sainte Religion m'inspire; je m'y abandonne avec tendresse et joie, et mon âme se sent ravie par ces idées sublimes. J'étouffe tous désirs et toutes passions ; je m'humilie devant la richesse de la Providence, qui, par l'effet de sa grâce, nous purifie souvent malgré nous, et nous dessille les yeux sur nos propres misères. O mon ami! ô mon frère! que nous sommes faibles, quand nous ne nous appuyons pas sur la Croix du Christ! Non; les déserts, sans la grâce, ne peuvent éteindre les passions qu'on y porte……

Que me parlez-vous, cher Alphonse, d'abandonner ce séjour des morts? Y pensez-vous, ô mon ami! moi, trahir et irriter ce maître terrible, ce Dieu fort et jaloux, qui a si long-temps appesanti sa main sur moi? Ah! mon ami, craignez-le, pour votre intérêt, pour le mien, et ne le faites pas servir de prétexte à une réputation de sagesse que vous vous êtes aquise par hypocrisie.

Vous me reprochez encore ma fuite de ce monde; vous me rappellez les jeux de notre enfance, les regrets d'une famille adorée; vous n'oubliez rien, enfin, pour me détacher d'une retraite que je regarde comme un port salutaire. Aidez-moi donc, plutôt, mon ami, à me guérir des vanités du monde, que je hais ! S'il est de la grandeur de Dieu de ne trouver dans l'homme d'autre fondement de sa miséricorde que la faiblesse humaine, il faut gémir de la nôtre au pied des autels, pensant que ce Dieu miséricordieux n'attend de nous que l'humiliation de nos erreurs et une pénitence publique, pour mettre un terme à nos maux. Apprenons donc à la postérité, à notre siècle, que la réparation de nos égarements en peut mériter le pardon; et faisons admirer en nous les prodiges d'une grâce qui aura pu triompher de l'amour du monde; enfin, si la Providence veut nous sauver, ne l'en dédisons pas!

Cessez donc, cessez, cher Alphonse, de porter dans mon âme des atteintes si douloureuses : si ce n'est par amitié, que ce soit au moins par un motif de piété; et, au lieu de me raconter les peines et les chagrins qui vous menacent, en redoutant un avenir plus rigoureux que les maux que nous craignons, pensez que,

Si de quelque péril la vie est menacée,
Aussitôt il les faut bannir de sa pensée.
Pourquoi dans l'avenir ne voir que des malheurs?
Comptons sur l'Éternel et ses douces faveurs.
Le Ciel, vous le savez, protège l'innocence;
Il en est le soutien, et vole à sa défense.
Si, dans des temps de deuil, il est sourd aux humains

Ce n'est que pour toucher les coupables mondains.
Cessez de redouter la colère céleste;
Elle ne peut troubler que ceux que Dieu déteste.

Mais moi, ô mon Alphonse ! de quelle espérance pourrai-je me flatter, après avoir perdu tout ce que j'avais de plus cher sur la terre? Oui, je vous le répète, j'ai renoncé sans peine à tous les enchantements de la vie. Eh! pourquoi regreterais-je le monde, ô mon sensible ami? Je ne suis jamais monté, vous le savez, au faîte du bonheur, que pour en éprouver une chûte plus terrible. Jadis, rien ne pouvait se comparer à mes plaisirs; aujourd'hui, rien ne saurait égaler mes peines! Ma gloire m'a fait mille jaloux; mon malheur, à présent, excite la compassion de tous ceux qui me connaissent. La fortune fut toujours d'un excès à un autre à mon égard : elle me combla de ses plus riches faveurs, et elle m'a accablé de ses disgrâces les plus grandes : ingénieuse à me tourmenter, elle voulait que le souvenir des biens que j'aurais perdus fût la source inépuisable de mes larmes !..

Mais, grand Dieu! où m'entraîne votre amitié! mes murmures, je le sens, allument le feu de la colère céleste, au lieu de chercher à l'éteindre. Je sens encore, ô mon ami! qu'il est facile d'avouer ses foiblesses, et de s'en punir; mais qu'il faut se faire violence, pour oublier des plaisirs qu'une douce habitude a rendus maîtres absolus de notre esprit.

La tempête, il est vrai, m'a conduit dans ce port, et ce Dieu, que j'accusais, et qui semblait appesantir sa misère sur moi, ne cherchait qu'à me secourir : c'est donc un père qui châtie, et non un ennemi qui se venge; c'est un sage médecin, qui vous fait souffrir, afin de vous conserver la vie.

Voyez, ô mon Alphonse! combien je suis plus heureux que vous, qui n'avez que des passions à combattre, que des périls à redouter! Cette solitude, qui vous effraie, me paraît toute charmante : la tranquillité qui y règne entre jusques dans le fond de mon cœur; content de remplir des devoirs qu'imposent des règles si sévères en apparence, j'éprouve une douceur que les richesses, les grandeurs et les plaisirs du monde n'ont pu me procurer.

Sous ces parvis sacrés, séjour de l'espérance,
Je jouis sans regrets d'un éternel silence ;
Mon cœur tout attendri, par de doux repentirs,
M'arrache sans efforts d'agréables soupirs;
Ils font tout mon bonheur, ils enivrent mon âme;
Ils font plus, en ce jour, ils éteignent ma flamme;
En calmant mes chagrins, raniment mon ardeur,
Et me font oublier un monde trop flatteur.
C'est là que je vous plains, et chéris ma victoire;
C'est là que je méprise et l'honneur et la gloire.
Désormais, les méchants ne pourront me trahir :
Je pourrai les braver sans en devoir rougir.

En ce lieu, ma retraite est volontaire et pure:
Que m'importe, après tout, que le monde en murmure?
Le reste des humains s'anéantit pour moi:
Mon univers est Dieu, je ne vois que sa loi.
Ici, les cœurs bien francs n'éprouvent point de vide;
La Religion seule à leur bonheur préside;
Dans une coupe d'or ils boivent à longs traits
L'oubli de tous les maux et des biens imparfaits.
L'ennui, le triste ennui, n'afflige point notre âme;
Dieu seul et le travail est ce qui nous enflamme;
Nos âmes et nos yeux, vers le ciel élancés,
Ne peuvent nuit et jour le contempler assez.

LETTRE II.

Pourquoi, ô trop cruel et pourtant trop sensible ami! me rappeler encore le funeste souvenir de notre bonheur passé : l'absence, le temps et la prière doivent me les faire oublier. Hélas! cher Alphonse, si, dans la retraite paisible que je me suis choisie, je ressentais quelques peines, ce serait, je vous l'ai déjà dit, plus pour vous que pour moi que j'en éprouverais les atteintes cruelles : votre seul intérêt me ferait verser des pleurs, que je refuserais à toutes mes douleurs. Eh! puis-je, par l'amitié que je vous porte, malgré ma retraite profonde, ne pas frémir sur votre sort? N'ai-je pas vu armer contre vous toute la vengeance d'une marâtre, toujours prête à vous persécuter; les duretés d'un père foible, cédant à toutes les injustices d'une femme ambitieuse, mondaine et vindicative; à la rapacité de deux frères, que la justice divine vient enfin de punir par l'exemple le plus terrible?

Monde injuste et cruel! tu as accablé et poursuivi long-temps l'innocence; mais, dans ta vengeance aveugle, tu as oublié qu'un Dieu, qu'un Être miséricordieux et bon la consolait, et que, malgré tous tes efforts pour la perdre, ce Dieu rendait le calme à son cœur. C'est en vain que, pour ternir sa vertu, vous ayez tout osé; c'est en vain que de crimes et d'erreurs vous avez noirci sa vie, et poussé à l'excès l'insolence, la basse jalousie et l'envie, le temps, qui calme tout, n'aurait pu adoucir votre barbare rage, si une main divine n'eût arrêté vos dégoûtants projets.

Vous voyez, cher Alphonse, jusqu'où m'emporte l'intérêt que je vous ai voué. Grand Dieu! calmez, pour un ami qui me fut cher, des plaintes et des frayeurs qui vous importunent! Et vous, pieux cénobites qui m'entourez, pardonnez-moi de faire gémir vos grilles de mes inutiles regrets. Ah! oui,

C'est inutilement attendre des miracles;
Toujours l'homme craintif rencontre des obstacles,

Oubliez donc vos malheurs, cher Alphonse, et j'oublierai les miens. Comme moi, que la religion préside à tous vos entretiens; que vos écrits soient sans art et sans artifice, que vos lettres soient pleines de vérités, et non de fausses pensées ; laissez aller confusément et sans contrainte votre cœur généreux ; redoutez le monde, et n'osez plus le suivre ; résistez au combat de l'absence, et ce Dieu, qui fut pour vous si puissant autrefois, ne peut qu'incessamment se faire reconnaître à vous. C'est dans ce lieu désert, qu'un révérend et très-pieux Père a su rendre un lieu d'oraison et un asyle sacré, où de Dieu nuit et jour on adore le nom, que gît le bonheur de la vie ; c'est sous ces murs, dont la sombre enceinte renferme des tourments volontaires, et retentit de soupirs poussés par la pénitence, que l'homme se reconnaît.

Venez, venez, ô trop malheureux ami! venez aux pieds des statues des Saints; de ces Saints qui ont appris à se vaincre eux-mêmes. Foible héritier d'Adam, coupable comme lui, votre cœur a besoin d'appui et de secours. En vain vous cachez sous des dehors tranquilles un trouble dévorant; chez vous, le péché et la grâce triomphent tour à tour; cédez donc à l'attrait de cette grâce, qui se manifeste en vous. A l'exemple de l'Apôtre, soyez ferme dans vos résolutions, imitez son zèle; et si Paul sauva les Gentils, vous seul sauverez votre âme. Accourez comme moi dans cette douce et paisible solitude, où la prière, la méditation et une sainte contemplation tournent constamment les regards vers la solitude, où règne un silence profond et imposant. Prierai-je en vain le Ciel, ô mon ami! pour qu'il vous rappelle à lui? Mes prières, mes pleurs, tant de sacrifices, enfin, ne pourront-ils vous déterminer à abandonner un monde si pervers? Je vous le redis, cher Alphonse, ce n'est que dans l'obscure solitude de ce cloître que vous trouverez le bonheur. C'est là que, l'autre nuit, prosterné au pied des autels, une voix toute céleste m'a répété ces mots de vérité : « Prie, jeune Lévite ; ce n'est que » dans ce lieu saint qu'une religion » austère et bien entendue calmera » tes douleurs et sèchera tes larmes; » ici, doivent mourir les plus nobles » passions, l'amour et la gloire. » Cette voix sacrée et terrible en même temps, et qui retentit encore au fond de mon âme, continua, et me dit : « Ici est ta place ; demeures-y » toujours. Comme toi, autrefois, je » fus victime de la méchanceté et de » la perfidie des hommes; long-temps » persécuté par eux, j'ai versé des

» larmes et prié en vain. Ici, au
» contraire, les malheureux cessent
» de se plaindre et les amants ne
» répandent plus de soupirs; les traits
» de la perfidie et de la calomnie des
» méchants ne peuvent vous atteindre;
» un Dieu plus indulgent que les hu-
» mains y pardonne nos foiblesses,
» et donne des forces pour parvenir
» à ce calme que l'on ne savoure que
» dans ce long sommeil qu'aucun mor-
» tel ne peut éviter. »

A peine cette voix eut-elle cessé, qu'une sueur froide s'empara de tout mon corps, et, comme plongé dans une léthargie complette, je sentis, en me relevant, tous mes membres fléchir, et je retombai au pied de cet autel, qui avait reçu ma prière, et que je ne pouvais plus quitter.

Des Frères, qu'une grâce victorieuse soutenait, m'ont relevé et transporté sur ce lit où doit rester l'enveloppe de mon âme et qu'aucun mortel ne pensera à me disputer. Si tôt déposé sur ce lit de repentir et de pénitence, un doux sommeil a calmé mes esprits agités. Des songes flatteurs et ravissants sont venus bercer mon âme errante ; des Frères, revêtus de blanc, et chantant des hymnes, se sont fait entendre ; les Anges et les Séraphins répandaient les parfums les plus exquis ; le son des harpes célestes retentissait de toutes parts, et l'orgue harmonieux retraçait à mon esprit mille pensées saintes.

Au milieu des autels, où brillaient mille feux, des Prêtres, humblement prosternés, mêlaient leurs cantiques à ceux des Anges qui les environnaient, et, saisis d'admiration et du plus profond respect, me firent entendre ces dernières paroles, qui seront à jamais gravées dans mon cœur : « Cesse, « foible mortel, de fatiguer le Ciel

» par d'inutiles regrets, ni de cou-
» pables souvenirs ; c'est dans cet
« asyle saint qu'est la fin et l'oubli
» du monde; implore le secours de
» la religion ; de grands soulagements
« à l'humaine foiblesse y sont certains.
« Ce cloître est un asyle sûr pour
« résister aux penchants funestes qui
« nous égarent. Comme toi, nous avons
» éprouvé l'injustice, l'ingratitude et
» la barbarie des hommes; comme toi,
» nous avons répandu des larmes de
» sang, et nous avons gémi sur notre
» propre nature ; encore comme toi,
» nous avons, par vanité, par orgueil
» et par timidité, marché d'erreur
» en erreur, d'abyme en abyme, et
» caché sous le faste imposant un calme
» et une paix simulés. Las enfin de
» dissimuler aux hommes foibles et
» insensés les maux et les ennuis dont
» nous étions dévorés, nous sommes
» venus honteux et désespérés, cher-

» cher une retraite où, dans l'oubli
» du monde, nous en puissions effacer
» la trace trop fatale, confus d'être
» réduits à trouver dans notre propre
» sagesse des soulagements à notre
« fragilité.

» C'est donc pour résister plutôt aux
» penchants qui nous égaraient, que
» nous sommes venus aux pieds de
» ces autels, où tu nous vois, nous
» enchaîner par des nœuds solennels.
» Comme nous, au moment où tu
» prendras ces tristes vêtements, ton
» cœur et ton esprit changeront de
» sentiments ; en invoquant le Ciel,
» tous ces combats du cœur et de
» l'âme finiront ; et, s'il arrive que
» tu les éprouves, ce ne sera que par
» un délire saint, qui te forcera à
» bénir et à louer avec plus de ferveur
» le Créateur, qui te les inspire. »

A ces dernières paroles, un bruit
subit et effrayant m'a réveillé. Dans

ce désordre affreux d'idées où m'avait jeté mon rêve, j'ai senti enfin que la piété et une ferme croyance étaient venues en mon âme réclamer leurs droits; que je devais, sous ces murs où de saints solitaires pleurent leurs péchés, fidèle à mes serments, oublier votre voix, vos conseils, et terminer dans ce néant, si désiré et si peu compris des âmes matérielles, des jours trop long-temps employés en vains plaisirs, d'inutiles et coupables désirs. L'homme, esclave de ses sens, et courbé sous le poids de ses propres chaînes, aime, brûle et gémit jusqu'au fond des déserts; son corps, sans être abattu, peut suivre d'un monde trompeur la séduisante image; souvent, il est vrai, j'en conviens avec honte, le cri séditieux des passions humaines peut troubler la solitude de ces lieux voués au repentir, à la mort et au silence; mais bientôt votre âme fière et indépendante vous fait oublier des désirs formés sans espérance : semblable à des enfants qui regrettent leurs vains amusements, nous soupirons pour eux.

O grâce salutaire! ô sagesse profonde!
Vertu, fille du ciel, oubli sacré du monde,
Vous, qui nous promettez des plaisirs éternels,
Séparez pour toujours Alphonse des mortels!
Ce monde séducteur, la source de nos larmes,
Doit être un lieu d'horreur, et non un lieu de charmes.
C'est dans ce cloître saint qu'abjurant ses attraits,
Son cœur doit retrouver le bonheur et la paix;
L'air pur que l'on ressent et qu'offre la nature
Chassera de son cœur toute pensée impure;
Nos cantiques sacrés, nos travaux assidus,
Tout offrira la paix à ses sens éperdus;
Jusqu'aux pieds des Autels, son âme repentante
Sentira rallumer sa vertu chancelante.
Alphonse, en ce désert, je vous aime et vous fuis:
Grand Dieu! prenez pitié de mes cruels ennuis;
Faites que ma raison reprenne son empire,
Et me tire au plutôt de ce profond délire!
Faites plus, ô mon Dieu, faites, par votre voix,
Que je trouve un ami prêt à subir vos loix!

LETTRE III.

Hélas! cher Alphonse, que ne pouvez-vous envier comme moi le sort de ces pieux Cénobites, que renferme, selon vous, un si triste séjour! Oubliés d'un monde qu'ils dédaignent, leur esprit est déjà dans les cieux : toutes leurs prières sont sûres d'être exaucées par l'Éternel. C'est en lui sacrifiant jusqu'aux moindres de leurs désirs qu'ils passent en paix les heures du repos et du travail, qui partagent leurs jours. La nuit, sur un bois qu'un CHRIST a su sanctifier, un doux sommeil vient s'emparer de leurs sens; leur âme dégagée des trompeurs plaisirs de ce monde, n'est point appesantie par cet assoupissement terrestre; leurs vœux, toujours soumis à l'amour divin qui les anime, leur font répandre de délicieuses larmes; leurs soupirs enflammés montent jusqu'aux pieds du trône de l'Éternel; la vive lumière de la grâce répand sur eux ses rayons les plus brillants; les Anges, par leurs doux concerts, excitent en eux les songes les plus flatteurs; le Créateur entend retentir avec clémence le chœur céleste de ces chastes Frères.

Que de vœux ardents j'adresse à ce divin Créateur, pour qu'il vous inspire de pareils songes, différents de ceux d'un amour profane! C'est alors, ô mon Alphonse! ô mon ami! ô mon frère! c'est alors que vos chagrins et vos illusions finiront. Les nuits, que de sinistres pressentiments vous rendent longues et pénibles, se changeront en un sommeil de bonheur, que des remords, peut-être, vous ravissent depuis long-temps, en vous empêchant de suivre le penchant de votre cœur.

Que rien n'arrête donc plus la rapidité de votre âme, qui s'élance vers un Être suprême, qui vous tend avec clémence les bras. C'est alors que l'esprit tentateur cessera près de vous tous ses prestiges; c'est alors qu'une douce nuit vous couvrira de son ombre chérie; des images enchanteresses enivreront votre âme assoupie; ces images écarteront ces poursuites, ces tristes contraintes, et ouvriront en vous toutes les sources de l'amour divin. Votre réveil alors sera celui de l'enfant de la vierge; de cet enfant innocent, qui cherche aveuglément l'auteur de ses jours. Sans cesse vous vous rappellerez ce doux sommeil, ce sommeil rempli de charmes, et, dans un saint transport, vous vous écrierez: Revenez, rêves enchanteurs! douces illusions! revenez achever votre ouvrage ! Mon âme, ébranlée par une grâce infinie, et qui m'était inconnue jusqu'à ce jour, vient enfin de dessiller mes yeux et me rapprocher de vous.

Il me semble déjà, ô mon ami ! voir envoler votre âme vers ce céleste séjour ; il me semble lui voir franchir des rochers menaçants prêts à tomber dans les précipices qui sont à leurs pieds. Votre âme, noblement pénétrée de cette félicité éternelle, ose y monter et braver audacieusement tous les dangers qui vous menacent. Déjà vous touchez presque aux cieux ; j'entends votre voix qui m'appelle ; vous me tendez la main. Alors, malgré la foudre qui gronde et les vents affreux qui vous repoussent, une voix terrible, et cependant séduisante, fait entendre ces paroles : « Pour toi, le » destin, par une bonté céleste et » non cruelle, t'appelle dans cette

» retraite paisible qui rend également
» incapable de peines et de plaisirs,
» tes sens amortis vont jouir d'un
» repos inaltérable. Là, les dangers,
» les troubles et les perfidies des
» hommes te seront inconnus ; là, tu
» seras tranquille comme la mer,
» avant que les vents l'eussent agitée,
» avant que le souffle du Créateur
» eût commandé aux eaux de com-
» mencer leur cours. Bénis et envie
» ce calme heureux : c'est le som-
» meil du Saint, dont le crime est
» pardonné ; pour toi, c'est le ciel
» qui va s'ouvrir, et répandre dans
» ton âme un rayon de sa félicité !! »

Venez donc, cher Alphonse, mêler votre voix à nos concerts spirituels ! Ces grilles, ces lampes sépulcrales, qui éclairent depuis des siècles des urnes funèbres, paraîtront à vos yeux, non des fantômes effrayants, mais des êtres vivants, qui implorent comme vous implorerez un jour de ferventes prières.

Il est vrai, le flambeau de l'amour, l'attrait séducteur des vanités de ce monde ne troubleront plus votre cœur, dans ce séjour des morts; mais aussi, en revanche, la nature ne vous redemandera plus ce que la religion condamne. De sales ni d'injustes pensées ne souilleront plus votre âme; l'heure de la méditation, qui prépare à soupirer pour une autre demeure, les fera oublier, pour les diriger vers le ciel ! Chaque grain de ce rosaire saint, qui passera entre vos doigts, et qui ne vous quittera jamais, entretiendra vos prières, et aidera, parmi des nuages d'encens, à joindre votre voix à celle de ces pieux Frères qui, la nuit comme le jour, ne cessent de chanter les louanges du Seigneur. Ici, je vous l'assure, vous reviendrez de votre égarement; vous pleurerez avec sincérité vos fautes ; vous vous en confesserez avec confiance et joie. Alors, les larmes de la pénitence commenceront à couler ; et la grâce soumettra entièrement votre âme : aucun mortel ne pourra s'opposer aux vœux que vous adresserez au ciel, ni lui disputer votre cœur. Un regard invisible du Dieu qui nous anime étouffera chez vous toutes pensées mondaines : de toutes célestes s'empareront de votre esprit ; elles étoufferont ses remords ; elles sécheront vos larmes, et anéantiront les efforts des méchants esprits qui vous obsédaient et vous arrachaient à votre Dieu :

Venez, ô mon Alphonse, accourez près de moi,
Venez prier en paix, engager votre foi.
Osez briser un joug qui déjà vous opprime :
Comme vous, mon ami, j'en fus long-temps victime !
Comme vous j'ai souffert, j'ai répandu des pleurs ;
Mais ce cloître a fini mes ennuis, mes douleurs.
Ici, les malheureux n'exhalent plus de plaintes ;

A l'abri des méchants, ils sont exempts de craintes.
L'Éternel y pardonne aux cœurs infortunés,
Que l'orgueil et sa suite ont déjà condamnés.
Venez donc sans délai jouir de sa clémence :
Elle est des malheureux la plus douce espérance.
Écoutez ses accents, livrez-y votre cœur,
Renoncez pour toujours à sa profane ardeur.
Fuyez un monde vain, fuyez son esclavage :
Abjurez ses attraits et son triste partage.
Dieu, tu l'emporteras! Dans un cœur irrité,
Aide mes soins constants, fais ma félicité :
Reçois auprès de toi, cet ami trop rebelle ;
C'est dans ce cloître saint qu'il te sera fidelle.

LETTRE IV.

Ne m'écrivez plus, ô mon ami ! venez plutôt partager ma demeure sainte. Armez-vous d'une juste haîne contre ce monde volage, trompeur, et contre tout ce qui pourrait vous le rappeler. Cédez enfin à l'appel de la voix céleste ; oubliez pour toujours ces soins terrestres et ces pensées coupables ; tournez vos regards vers cette espérance, fille brillante du ciel, ornée de fleurs toujours nouvelles. Et vous, foi sacrée ! gage précieux du bonheur qui nous attend, entrez au plus vite dans le cœur d'un ami malheureux ! préparez-le au séjour de l'immortalité ! de ce fantôme divin, où la pénitence oublie ses gémissements, où la sainte frayeur des jugements de Dieu cesse de troubler les âmes, et où le souverain Juge, plus clément que les hommes, y pardonne nos fragilités.

O séjour, désiré du juste, préparez vos berceaux de roses, vos palmes célestes, vos fleurs immortelles; pécheur converti, je désire voler dans cet heureux séjour, où l'innocence goûte une paix inaltérable, où les flammes épurées de l'amour transforment les mortels en séraphins. Venez, cher Alphonse, venez me rendre ici le dernier et triste devoir de l'amitié ; venez m'aplanir et me préparer ce long passage de la mort à la vie ; venez recueillir mon dernier soupir, et saisir mon âme prête à fuir de sa prison.

Si, trop sensible encore aux charmes d'un monde séducteur, vous craignez de ne pouvoir soutenir ce lugubre spectacle ; si vous redoutez de ne pouvoir supporter sans effroi et d'une main tremblante ce cierge sacré, ni voir approcher de ma bouche le signe redoutable de notre salut, venez du moins, je vous en prie, m'enseigner à mourir, et mourir à votre tour.

O mort ! ô mort ! que tu es remplie d'éloquence, pour qui sait te comprendre ! Que m'importe, après tout, le jugement inique des mortels ? Que m'importe que quelques larmes profanes coulent sur mon tombeau : la justice divine est là pour les leur pardonner ; mais, si je laisse après moi un favori des muses qui jette quelques fleurs sur ma tombe, et qui, par les sons touchants de sa lyre, console mes mânes plaintifs, alors, avec transport et ravissement, je m'écrierai :

>O mort ! achève mon supplice,
>C'est ton dernier coup, j'attends ;
>Frappe, frappe : par quel caprice
>Me fais-tu languir si long-temps ?

Ce sera vous, ô mon Alphonse, mon frère, seul dépositaire de mes peines et de mes plaisirs passés, et qui les avez mieux sentis, qui serez ce favori ; vous seul chanterez le mieux. O mort ! pourquoi es-tu si éloquente ? Pourquoi nous prouves-tu qu'en s'attachant à tout ce qu'il y a de plus enchanteur sur la terre, et à tout ce qu'un vrai ami a de plus aimable, notre cœur ne s'enflamme que pour de la poussière ! Contemplez donc sans effroi, ô mon doux ami, ce lugubre spectacle; regardez votre Alcide sans dédain, sans frayeur; regardez sans crainte ses joues pâlies par de saintes et de douces austérités : ayez le courage de voir la dernière étincelle s'éteindre dans ses yeux, et son sang se glacer dans ses veines.

Si, à cet aspect terrible, votre âme n'est point ébranlée; si alors mon agonie n'est considérée par vous que comme une douce extase; l'ombre de la mort, que comme des nuages brillants ouverts et descendus pour me recevoir; que les prêtres, couverts de deuil, ne soient que des anges qui m'environnent; que les portes du ciel remplacent celles de l'enfer, et que les saints vous embrassent avec un amour semblable au mien; alors, je pourrai m'écrier : Mon ami est sauvé ! il est rendu au bonheur ; il est rendu à un frère, jouissant de toutes les félicités célestes : un même tombeau, réunira nos cendres ; nos noms et nos maux confondus avec nos plaisirs, finiront avec ce cœur trop long-temps rebelle à la grâce : Ah !

Par un prompt repentir, méritez cette grâce,
Que vous ne recevrez que par don efficace.
Ce ciel est offensé, vous devez l'apaiser,
Et ne plus balancer à tout lui confesser.
A des plaisirs trompeurs, asservis l'un et l'autre,
Vous faisiez mon bonheur ; je travaillais au vôtre :
Chaque jour, chaque instant augmentait des plaisirs
Que les temps ont changés en autant de soupirs.
Ces beaux temps ne sont plus, d'affreuses circonstances
Ont trop tard remplacé de vaines jouissances.
Un Dieu bon et vengeur, par d'affreux châtiments,
A voulu nous punir de nos dérèglements.
Le monde est une mer où l'homme fait naufrage ;
Cet asyle pour nous est le plus sûr rivage.
Regagnez au plus tôt ce port si révéré,
Et cessez d'irriter un Dieu plein de bonté.
Au lieu de balancer, soyez plus magnanime ;

Imitez nos grands Saints et leur vertu sublime ;
Interrogez votre âme, et craignez les regrets
Que traînent après eux des serments indiscrets.
Secondez un ami, puissances immortelles ;
Accourez près de lui, couvrez-le de vos ailes ;
Que cet asyle saint, le spectacle des cieux
Soit son dernier soupir, soit un soupir heureux !
Là, que, par vous, son âme, en triomphe amenée,
Retourne à l'Éternel, dont elle est émanée.
Préparez, séraphins, vos palmes, vos berceaux ;
Préparez un ami pour des plaisirs nouveaux ;
Tout coupable, il attend un pardon débonnaire ;
Oui, la grâce est aux cieux ! la crainte est sur la terre.

LETTRE V.

Malheureux ! qu'avez-vous fait ? Pourquoi, par des souvenirs si déchirants, venez-vous troubler le repos qui rentrait dans mon âme ? Pourquoi frapper et faire saigner un cœur, où le ciel seul doit régner ? O trouble !

ô désespoir ! ardents transports, désirs, me resterez-vous aujourd'hui ? malgré tous mes efforts, ne pourrai-je oublier un ami corrompu ? Dieu bon, malgré vos menaces, oserai-je encore soupirer ? Ami cruel et malheureux, triompheriez-vous de moi, pour vous avoir appelé au fond de ce sanctuaire ? Prosterné aux pieds des autels, adorerai-je en vain ce divin Créateur ? Non, non ! Dans le fond de mon cœur j'entends gronder l'orage ; une froide terreur a remplacé ces séduisants transports : je triomphe, grand Dieu ! car je sens mes remords ; à la voix d'un ami, ils doivent tous disparaître. Non, non ! je ne mettrai point ma foiblesse au nombre de mes forfaits. Où suis-je ? Et qu'ai-je dit : ô ciel ! Est-ce un égarement ? est-ce une réalité ? A mes profanes vœux je crains de joindre le sacrilège ! O Dieu ! souverain arbitre de mon sort, à mes sens désolés pardonne, et ose imposer ta loi !

Tu le sais, ô mon Dieu ! sous cette haire et cette cendre, de trop chers souvenirs je voudrais me garantir; sans toi encore, ô mon Dieu ! sans la grâce, cédant à d'horribles combats, mon existence désormais n'est plus qu'une longue agonie; et, puisque mon âme à tes lois est soumise, daigne, ô mon Dieu ! me faire oublier pour toujours un ami endurci.

Consolez-vous pourtant, ô mon Alphonse ; je sens que je triompherai sans avoir juré de vous oublier. Accourez-donc, ô mon frère, et tombez (il en est temps encore) aux pieds de nos autels : renoncez enfin à ce monde criminel, et que la religion, vous armant d'un saint courage, arrache, s'il se peut, de votre mémoire l'image d'un monde corrupteur.

Eh quoi ! cher Alphonse, auriez-vous déjà oublié combien dans cette vie les maux surpassent les plaisirs ? et que ce cloître, asyle si redouté des mondains, faisait tout mon bonheur, et devait faire le vôtre ? Aurai-je donc prié trop tard pour que le ciel me réponde de vous ? Aurai-je encore à me repentir d'avoir tenté de vous arracher des mains des humains, pour vous donner à Dieu ; et, méprisant vos serments, craindriez-vous de vous rappeler ce jour où vous m'écrivîtes et proférâtes solennellement ces sublimes et rassurantes paroles : « Or- » donnez, mon ami, et choisissez ma » demeure ? où voulez-vous que je » meure, où voulez-vous que je vive ? »

Portiques révérés, asyles respectables, vous aurais-je donc inutilement désirés ? Auriéz-vous en vain assuré le bonheur d'un ami prêt à se soustraire au péril d'un monde perfide ? Non, ô divin Créateur, ce ne sera point avec regret que je t'aurai prié ! Cet ami de votre appui et de votre pitié n'est point encore tout-à-fait indigne ; il voit le piège où il est malgré lui entraîné ; à des transports honteux il cesse de s'emporter et d'aimer des mortels qu'il doit pour jamais détester. Cher Alphonse ! vous avez promis à un ami votre foi, et le ciel réclame votre cœur. Pensez que pour vous cent fois j'ai déjà trahi ce ciel, en partageant vos maux et vos égaremens, et qu'il n'est plus temps de refuser à Dieu une âme qui ne vous appartient plus. Craignez, ô mon ami ! craignez de dédaigner ce cloître, asyle sacré des malheureux. Dans votre état présent, ressouvenez-vous que la nature ne peut être pour vous qu'affreuse et stérile ; que le soleil naissant ne vous tracera plus qu'un cercle de douleurs ! Alors, le désespoir s'emparera de votre âme : vous chercherez les rochers, les antres funèbres ; vous chercherez à vous ensevelir dans l'horreur des ténèbres ; vous descendrez en vain pour retrouver la paix du cœur jusques dans les sombres caveaux ; en vain, au milieu de ces tombeaux, vous chercherez à recouvrer le calme de votre âme, et à triompher des atteintes de la mort. C'est là que, confus et anéanti, vous direz, frappé de repentir : « Voilà donc la demeure et l'asyle suprême des mortels ! c'est donc là le terme heureux où doit s'évanouir le bonheur et le malheur d'une vie passagère ! c'est là que la mort glace le cœur le plus brûlant et le plus sombre ! c'est là que se perdent les rangs, la fortune, la gloire et les charmes ; c'est dans ce néant enfin que je dois rentrer pour toujours !!!! »

Dieu protecteur, prends pitié du trouble et des peines qui consument un ami éperdu ; éteins en lui ce poison brûlant qui l'oppresse, lui nuit et le blesse ; que votre grâce pénètre bien avant dans les replis d'un cœur qui ne doit s'ouvrir qu'à vous ; et si je dois, grand Dieu ! m'applaudir de régner dans ces lieux, où je sers de ministre à vos rigueurs, suspendez, je vous en supplie, votre bras vengeur sur une jeune victime encore jalouse d'un séjour trompeur ! soyez touché de sa pâleur, de ses combats, et adoucissez pour un instant ses maux et ses tourments! Vous le savez, grand Dieu! en des temps moins heureux, je fus comme lui endurci au péché et sourd à la voix céleste qui m'appelait ; comme lui je prétendais résister à des ennemis ardents qui me diffamaient et me persécutaient :

Mais, ô jours fortunés ! ô jours remplis d'ivresse !
Vous vîtes triompher ma crainte et ma foiblesse :
Ce doux et saint retour envers le Créateur

Soumit avec transport les secrets de mon cœur.
Ah ! comment oublier ce jour rempli de gloire,
Ce moment où j'obtins cette douce victoire ?
Je m'en souviens encor, ce jour voluptueux
Offrit à mes regards l'astre brillant des cieux,
Des anges couronnés planaient sur l'atmosphère ;
Les parfums du matin s'exhalaient de la terre ;
La nature pour moi étalant ses beautés,
Vint calmer en secret mes esprits agités;
Mes yeux, qui ne versaient que des torrents de larmes,
S'élançaient vers le ciel avec bien moins d'alarmes.
Dès lors, le cœur ému, plein d'une vive ardeur,
J'oubliai mes chagrins, et bénis le seigneur ;
Et soudain, profitant de sa douce clémence,
Je le priai pour vous, et pris votre défense.

Ce Dieu ne sera point sourd à mes prières, mon ami ; déjà devant moi, pour vous, se découvre un avenir vengeur ; celui qui creusa l'abîme dans lequel vous vous êtes précipité, s'y précipitera lui-même ; et ce réduit, où se taisent les passions des hommes, aidera à détruire des penchants et des illusions passagères. Alors, frappé de repentir, vous implorerez aux pieds des autels une vengeance qui puisse vous arracher à vos penchants et vous concilier avec un ami

Qui pleure et qui gémit et la nuit et le jour ;
Qui se repent, implore ici votre retour !

LETTRE VI.

Cessez, ô mon ami ! ô mon frère ! de fatiguer le ciel par des irrésolutions criminelles qui l'outragent. Il est temps encore de vous vaincre vous-même, de contraindre vos penchants, vos longs égarements, et de tarir la source de vos malheurs. Pleurez et rougissez pour les expier, afin que le ciel, touché du cri de votre repentir, soit désarmé, et vous ouvre ses portes.

Pourquoi donc toujours, trop indiscret ami, m'inviter à rentrer dans le monde, pour partager vos soins et votre retraite ? Quoi ! d'un monde que j'ai fui et que je hais, je retournerais vous aplanir la route, et vous sauver des périls que je crains et redoute moi-même ! Non, non, mon ami, je vous le répète, mon abandon est sincère et volontaire, et nul mortel ne pourra m'arracher de cette solitude chérie. O mon Alphonse ! que ne puissiez-vous me voir dans cette douce retraite, l'œil parfois baigné de délicieuses larmes, qu'un bonheur et une joie ineffable me font répandre ! Que ne me voyez-vous au milieu de ces Frères, de ces pieux cénobites, qu'une gaîté toute spirituelle n'abandonne jamais ! Loin de me plaindre, vous envieriez le sort de votre Alcide. C'est donc dans cet asyle saint et sacré ; c'est la bouche collée aux marches de nos autels, que nous espérons dans la religion un refuge, et que nous attendons la grâce, ou l'arrêt d'un souverain juge.

Joignez-vous donc à moi, mon ami, et ne m'écrivez plus; étouffez désormais des soupirs superflus, ou laissons entre nous un intervalle immense : espérons tout du temps, du silence, et de celui enfin qui dirige à son gré le cœur des hommes.

Votre dernière lettre, mon ami, loin de me faire oublier mes devoirs et mes serments, n'a servi qu'à m'en faire entrevoir avec plus de sévérité toute l'importance, et à dissiper tout l'ennui qui me dévorait avant mon entrée dans ce séjour céleste. Épargnez-vous, ô mon ami! de me retracer nos infortunes et nos disgrâces communes. Eh quoi! pour calmer mes douleurs passées, fallait-il m'en rappeler le sujet? Fallait-il rouvrir des plaies que je croyais entièrement guéries? Pourquoi, hélas!

si vous connaissez la foiblesse des humains; pourquoi, si, certain comme vous le dites, que la grâce soit la maîtresse de nos cœurs et doive en triompher, pourquoi donc ne pas vous ressouvenir aussi que la nature y domine quelquefois à son tour, et y réclame ses droits ? Notre vertu fragile a besoin qu'on la guide et qu'on l'affermisse. Esclave de nos sens et du péché, nous avons besoin d'une grâce toute particulière dans ce saint cloître, où les autels sont les seuls témoins de nos actions. C'est donc le pur amour de la religion qui doit, avec quelques secours, étouffer en nous toutes nos passions. Si vous étiez ici, par votre présence, vous aideriez à fixer l'inconstance de mes vœux; et, à l'exemple de Saint Paul, vous imiteriez envers votre ami ses précieux travaux ;

Il en est temps encor ; en proie à la tristesse ;
Venez, et soustrayez votre âme à sa tendresse,
Ce lieu saint et sacré, offert au repentir,
Saura vous préserver d'un cruel avenir.
Un feu pur et divin embrasera votre âme,
Vous fera détester une coupable flamme.
Pensez donc qu'ici-bas vos liens sont finis,
Et que ce cloitre seul doit nous voir réunis.
Ne vous effrayez point d'un dessein si terrible,
Nous nous retrouverons : vous foible, et moi sensible.
Ah ! si le monde encor, par ses tentations,
Vous faisait oublier mes utiles leçons,
Soudain arrachez-vous à sa vaine puissance !
Votre cœur se vaincra par une longue absence ;
Né pour aimer, aimons ; mais aimons le Seigneur,
Nous ne serons heureux qu'en domptant notre cœur.
Vous le savez, hélas ! ce cœur, il le mérite ;
Le donner à tout autre, et l'offense et l'irrite.
Quelle excuse apporter à votre vive ardeur ?
Et qui peut pardonner à ce coupable cœur ?
Hélas ! pourquoi faut-il qu'en ce cloitre paisible
Je vous sache toujours à ma voix inflexible ?
Pour vous soustraire au monde, appelez la raison ;
Que le dépit se mêle à votre guérison.
Mais que peut ce dépit, où ne peut rien la grâce ?
Non ; vous n'obtiendrez rien, sans ce don efficace.
Et toi, douce vertu, grâce, mère des cieux,
Séduis donc et ramène un ami malheureux ;
Insinue en son sein la force et la lumière ;
A l'amour de son Dieu livre son âme entière ;

Fais qu'en ce cloître saint il retrouve la paix,
Qu'il captive ses sens, et comble ses souhaits !

Je vous le répète, cher Alphonso, sans chercher à aggraver vos ennuis, ni à fatiguer le ciel par d'inutiles promesses, ne cherchez donc qu'à trouver un asyle où, dans l'oubli du monde, vous puissiez être heureux pour toujours, et où de vos sens mutinés vous vous rendiez le maître. Ah ! mon ami, qu'il me serait doux de vous savoir affranchi de vains plaisirs qui, trop souvent, ne laissent, à la fleur des ans, que des regrets cruels et cuisants ! Imposez, vous le pouvez, silence à la nature, et venez habiter ce couvent solitaire. Dans cette retraite paisible, n'en doutez pas, un soleil bienfaisant rallumera son jour et éclairera votre cellule de ses plus doux rayons : ici, occupé de douces rêveries, vous foulerez, comme dans le monde, l'émail de nos vergers et de nos prairies ; ici , comme dans le monde , nous jouissons de la fraîcheur de nos bois , nous contemplons aussi avec un respect religieux ces pins audacieux , ces ruisseaux argentés , enfin toutes les beautés de la nature : comme à nous , ce tableau merveilleux fera naître dans votre âme de douces et confuses images , qui aideront à fixer vos désirs et vos souhaits inquiets. Ces bois et ces lieux déserts répandront dans votre âme une douce mélancolie qui remplacera cette sombre tristesse qui dans le monde l'affoiblit et vous fait chercher en vain un repos qui vous fuit et vous irrite.

Encore une fois , cher Alphonse , dans le monde , la nature est toujours couverte d'un voile sombre qui en ternit l'éclat ; vos concerts et vos spectacles ne font qu'entretenir l'ennui qui vous dévore ; tandis que dans nos bois solitaires, le concert des oiseaux et nos cantiques sacrés aident à nous rappeler ce que nous devons adresser à ce Dieu de la nature.

Ah! mon ami, ah! mon frère, il me semble déjà vous entendre prononcer avec joie ces paroles tranchantes! Quels apprêts délicieux! l'encens fume sur nos autels! De fleurs vous êtes déjà paré; des prêtres vous entourent, et le temple sacré est éclairé. Jaloux de voir en vous l'amour de Dieu et le repentir se confondre, il me semble descendre tout vivant dans ce tombeau de paix, et y entendre vos serments. Frappé de la docilité et du sacrifice de l'amitié, je crois en sortir plus victorieux, pour vous aider à briser les fers qui vous avaient si long-temps retenu dans un monde corrompu, fait méconnaître nos autels, la douceur de notre encens et le calme promis aux malheureux.

Rassurez-vous, ô mon ami ! Comme vous, en prononçant mes vœux, je laissai échapper quelques larmes ; comme vous, un trouble et un saisissement inexprimables s'emparèrent de tous mes sens. Mais bientôt le ciel, touché de ma pâleur et de ma foiblesse, fit retentir en mon âme ces consolantes paroles : « Pleure, foible mortel ! Il est permis de répandre, à vingt ans, des larmes pour un effort si pénible et pourtant si agréable à Dieu. » Comme moi, cher Alphonse, vous recevrez ce coup en victime obéissante : cette fête céleste, ces chants, toute cette pompe funèbre, ne sera point troublée par la crainte d'un triste avenir, ou par la timidité de vos sens éperdus : vous respirerez comme nous ces parfums, cet encens qui s'élève jusqu'au trône de l'Éternel; et vous abandonnerez sans regret des plaisirs trompeurs et dangereux.

Pourquoi vous attacher, vous fixer sur la terre ?
Vous n'y rencontrerez qu'une éternelle guerre.
Là, ce peuple d'élus, rassemblé dans ces murs,
Invoque et vous rappelle à des sentiments purs.
Venez à ce bercail unir vos saints cantiques,
Adorer comme nous ces augustes reliques.
N'insistez plus, de grâce, à m'ôter de ce lieu,
Venez, venez plutôt me disputer à Dieu.
Ici doit se briser votre chaîne et la mienne ;
La mort, la mort enfin finira notre peine.
Cessez donc de troubler la paix dont je jouis ;
Accourez bien plutôt chez des Frères soumis ;
Accourez, comme moi, sans alarmes, sans craintes,
Braver d'un monde impur les perfides atteintes ;
Et là, d'un saint repos savourant la douceur,
Maître de vos désirs, vous domptez votre cœur.

LETTRE VII.

Qu'ai-je lu ? ô mon ami ! ô mon frère ! Quel joug impérieux soumet encore votre âme, et triomphe de vos devoirs et de vos résolutions ?

Jusqu'à quand votre cœur sera-t-il rebelle à ces divines inspirations qui vous pressent de venir jouir d'un repos si nécessaire à votre esprit et à votre ami ? Cette brûlante ardeur pour le monde ne s'accoutumera-t-elle jamais à de froids sentiments ? Pourquoi, inconnu déjà, et séparé du reste des mortels, ne franchissez-vous tous les obstacles, pour jouir de la tranquillité de la solitude que l'amitié vous a préparée ? Là, courbé sous le poids d'une douce habitude, nous adorerons ensemble le Dieu dont je sers les autels, là, en oubliant que nous sommes aux larmes et aux souffrances condamnés, nous achèverons sans murmure notre triste destinée ; là, enfin, détrompés des plaisirs et des vanités du monde, nous goûterons une paix que nous avons tant poursuivie, et que vous ne pouvez retrouver que dans ce cloître silencieux, et que ma foible raison vous invite à venir partager.

Cher Alphonse! le repos que m'offre cette solitude m'eût abandonné à votre réponse, si les trompeuses raisons du calme passager de votre âme ne m'eussent rassuré moi-même. Trop incrédule et déplorable ami! me serais-je donc en vain flatté de vous inspirer tant de ferveur, et me laisseriez-vous encore douter de votre salut et de votre cœur? Aurais-je donc réveillé en vain en vous cet amour de Dieu et ces désirs d'une vie solitaire et sainte? Toutes mes prières, toutes mes veilles, pour vous tirer de l'abyme dans lequel vous êtes plongé, seraient-elles pour moi un motif de raillerie et de mortification? L'amour du monde serait-il rallumé de nouveau chez vous; et cet amour, accru par de tristes plaisirs, aurait-il renouvelé dans votre cœur de coupables espérances et de nouveaux désirs?

S'il en était ainsi, ô malheureux ami ! craignez, craignez la vengeance du ciel ; craignez que ce ciel, par des ménagements cruels, ne punisse amèrement votre reste d'existence. Comment se fait-il, ô trop sensible ami ! que l'image affreuse des crimes qui étonnent l'univers et nous glacent d'effroi ait déjà échappé à votre triste pensée, et ne vous ait pas éclairé sur vos propres malheurs ? Où sont donc ces remords qui allaient chercher le fond de votre cœur depuis le moment de notre séparation ? Pourquoi encore craignez-vous de dérober aux yeux de l'univers votre honte et vos maux, et tardez-vous à venir les ensevelir dans l'ombre des déserts et de ce cloître ? Accourez, cher Alphonse ! le cœur humilié, cacher dans une nuit profonde un monde indigne de vous. Là, je vous le répète, ramené à votre indifférence, vous vivrez dans le sein de l'innocence plus soumis et plus tranquille. J'ai cru, je vous l'avoue, ô mon frère! à ce retour heureux; mon âme livrée à de si douces et si flatteuses espérances éprouvait un bien consolateur; et déjà, plus docile au joug d'un devoir rigoureux, j'embrassais sans effort des vertus pénibles et mercenaires; un Dieu clément aussi devenait plus sensible à mes larmes, et, dans le sein de la paix et d'une douce espérance, en l'invoquant aux pieds des autels, il venait avec bonté répandre sur mon cœur affligé ses généreux bienfaits; je me flattais encore que sa main bienfaisante verserait sur vous-même ces dons consolants. Aurais-je donc trop tôt, ô mon fidelle ami! joui d'une si douce et si trompeuse erreur? tout mon bonheur se serait-il dissipé sans en avoir joui?

Je ne puis vous le dissimuler plus long-temps; votre dernière et fatale lettre, où le trouble de votre âme et le regret d'un monde pervers sont exprimés avec tant de chaleur, a réveillé en moi l'image des biens et des plaisirs qui me furent jadis si chers. Pourquoi toujours, coupable ami, rappeler désormais à mon âme sensible un bonheur dont le seul souvenir doit me devenir horrible ? Pourquoi aussi retracer à mes yeux des félicités qui ne doivent être pour moi qu'un spectacle vain et une ombre errante ? Maintenant, insensible aux atteintes des grandeurs et des félicités terrestres, je dois cesser d'être en proie à leurs coupables plaisirs. Dans cette situation parfaite, voyez, ô mon tendre ami ! l'inutilité de vos dangereux discours. En vain la séduisante peinture d'un monde injuste et corrupteur ne servirait qu'à me rendre coupable, et à rappeler mes infortunes passées, ah !

Cher Alphonse, cessez, par une fausse adresse,
De me renouveler des moments de foiblesse.

Pourquoi donc sans pitié troubler des lieux chéris,
Pour un monde pervers que je hais, que je fuis?
Des humains je connais le pouvoir trop funeste;
Pénitent, je bénis la voix toute céleste
Qui m'a fait prononcer de si louables vœux;
Que la nature approuve, et qui plaisent aux cieux.
Au lieu de m'affoiblir, écartez des images
Qui me peignent encor des jours suivis d'orages;
Et, si l'erreur des sens a pu nous égarer,
En priant Dieu, d'accord, tâchons de nous sauver.
Et, puisque mes conseils sur vous n'ont plus d'empire,
Souffrez encor, ami, l'exemple du martyre.
Aux pieds de nos autels pour vous je dois prier :
Ah! pour votre repos, venez donc m'imiter.
Là, près de votre Alcide, et dans la solitude,
Cesseront vos douleurs et votre inquiétude;
Un doux recueillement soutient les malheureux,
La nature y prend part et s'afflige avec eux.

LETTRE VIII.

Dieu! quelle étrange émotion vient agiter mes sens, dans cette pénible solitude! Pensées célestes! douce mélancholie! qui régnez seules dans ce séjour, ne pourrez-vous me faire oublier pour toujours un ami criminel ? Le temps ni l'absence ne pourront-ils éteindre une amitié née du sein de l'enfance ! Ah ! trop fatale lettre ! tu ramènes à leur source ces larmes que tu m'as fait répandre tant de fois avec abondance. Ah ! Dieu bon et jaloux ! qui, pour sauver les mortels, les faites gémir sous votre propre joug, et les livrez à des passions trompeuses, appesantissez votre bras sur un ami qui trop long-temps a été sourd à votre voix et à celle de l'amitié, pour lui préférer une félicité passagère.

Trône brillant des Césars, réputation, gloire, qu'êtes-vous en comparaison des biens célestes ? Le monde entier à mes pieds, le partage de la puissance d'un souverain, en pensant que tout est périssable, pourraient-ils me séduire, pour un bonheur éternel ! Ici, dans ce séjour digne d'envie, ou s'abandonne sans réserve à de saints et doux transports ; les larmes se confondent les unes dans les autres, et n'ont qu'un seul but ; la nature et Dieu sont notre unique loi : tous sont satisfaits. Une secrette harmonie règne jusques dans les plus secrettes pensées, et les lèvres se communiquent presque au même instant des soupirs enflammés, que l'Éternel recueille avec grâce, lorsqu'ils sortent d'un cœur pur et sincère. Tel est, mon ami, le vrai bonheur et l'heureux partage dont nous jouissons, et qui devient notre héritage, en échange des plaisirs mondains, qui ne laissent après eux que des maux incalculables. Eh ! qui plus que vous, malheureux ami, en a éprouvé les tristes effets ? Cher Alphonse ! puisque, vous vous rappelez avec ravissement ce jour solennel, où nos autels virent en moi une victime obéissante et soumise ; et que vous n'avez pu oublier de combien de larmes je les arrosais dans ce moment terrible où je dis un éternel adieu au monde et à ses plaisirs ; puisque enfin, dans ce monde, nos peines et nos maux ont été communs, pourquoi donc, coupable ami, hésiter plus long-temps à venir partager de ce cloître les douceurs et la peine ? Oui, mon ami ; bien différent et moins timide que vous, dans la fleur encore de mes ans, mes lèvres, glacées il est vrai, baisèrent avec effroi ces vêtements sacrés : les chasses qui tremblèrent, les lampes qui devinrent pâles à ce spectacle, le ciel aussi qui crut à peine à la conquête qu'il venait de faire, et qui, par mon serment, étonna tous les Saints, qui l'entendirent ; tout l'appareil enfin de ce moment redoutable fixa mes regards sur le signe adorable de notre salut. La grâce alors parla à mon cœur, et vous appela dans cette retraite.

Aujourd'hui, cher Alphonse, malgré vos promesses, vous en verrai-je toujours éloigné? Hâtez-vous donc de vous joindre à ce troupeau saint : le son de votre belle voix, que vous consacrerez à nos cantiques, adoucira mes peines et les austérités de cet asyle.

Si la voix de l'amitié n'était pas assez éloquente pour vous persuader, si vous refusiez enfin de vous rendre à mes vœux, ah! du moins, écoutez celle de ces pieux cénobites, qui vous réclament et prient sans cesse pour vous. Ces enfants de la prière, comme moi à la fleur de leur âge, ont abandonné sans regret les fausses joies d'un monde trompeur, et lui ont préféré cet asyle. Cette demeure, ces déserts sourient à tous leurs désirs et deviennent pour eux le Paradis anticipé. Tout ce que nous possédons dans cette sainte maison est à nous, est l'ouvrage de nos mains et de notre industrie; de riches dépouilles enlevées à l'orphelin ne parent point nos autels; le mosaïque ni le marbre ne brillent point sous nos pas; de coupables avares, non plus, n'ont point consacré de statues d'or et d'argent en l'honneur de nos Saints; ils n'ont point non plus, comme dans le monde, tenté de corrompre, par ces biens périssables, la justice du ciel irrité de leurs crimes.

Ici, une simple et douce piété a dirigé l'architecture de nos voûtes; des voix pures et mélodieuses y remplacent les sons apprêtés d'une savante musique, et nous suffisent pour chanter le Seigneur. Tout, ici, retrace avec simplicité et modestie l'esprit du détachement des vanités du monde; une douce et majestueuse obscurité, mère du silence, à l'aide du beffroi sacré qui nous réveille, nous convoque toujours avec ivresse à un pieux recueillement. Puisse, mon ami, ces célestes et délicieuses peintures calmer votre inquiétude, vos irrésolutions, et enfin vous attirer en ces lieux !

Pieuse fraude, inspirez-moi pour le bien d'un ami ; prêtez-moi votre douce et sainte éloquence ; touchez, par vos descriptions enchanteresses, le cœur d'un foible mortel. Ah ! mon ami ! mon frère ! aurai-je donc besoin d'un langage séducteur, pour vous soustraire au péril d'un monde et pervers et méchant ? Que prétendez-vous plus long-temps dans ce monde, où le souffle impur flétrit jusqu'aux beautés de la nature, et répand de l'horreur sur tout ce qui vous entoure ?

Ici, au contraire, sans cesse en contemplation des beautés célestes, nous jouissons en paix et sans contrainte de la fraîcheur de nos bois, du zéphyr léger qui se joue mollement sur le cristal de notre étang : tous ces objets, si propres à exciter de douces rêveries, ont le pouvoir de charmer nos ennuis et de calmer notre âme agitée. Rentrés dans nos cellules, le vide retentissant de nos voûtes sacrées, et nos tombeaux élevés par avance, occupent avec calme notre âme déjà soumise au destin préparé aux mortels.

Oui, mon ami, ici, pour toujours, j'ai fixé ma demeure; la mort seule peut m'en séparer. C'est donc dans cette sainte maison que mon âme quittera sa dépouille mortelle : plus heureux que vous, ce complice de tant de fragilités attendra avec docilité la réunion de celle du triste Alphonse, et puisse

Dans la tombe, où bientôt je désire descendre,
Voir vos restes chéris se mêler à ma cendre !
Un jour, si des amis, comme nous malheureux,
Viennent avec orgueil visiter ces saints lieux,
Touchés de repentir et de douleur profonde,
Soudain ils gémiront des vanités du monde.
De nos malheurs communs, en spectateurs discrets,
Ils en partageront les bienheureux effets.

Pensez à cette mort, et cessez de m'écrire ;
Alcide, désormais, ne doit plus vous conduire.
Oui, vos lettres encor ne font que m'agiter ;
Le ciel a prononcé, tâchez de m'oublier.
Je crains plus que jamais de votre nom l'empire ;
Seul, encor aujourd'hui, il fait tout mon martyre.
Songez que c'est long-temps jouer un Dieu jaloux,
Que j'ai cru vous sauver en m'éloignant de vous.
De votre souvenir je cherche à me distraire,
Partout, vous trouverai-je, ô mon sensible frère !
Prenez pitié de moi, de mes cruels ennuis,
Hélas ! n'aggravez pas l'état triste où je suis.
Ce cloître désiré n'a plus rien qui m'alarme ;
L'image de la mort pour moi n'est qu'un long calme :
Au lieu de la troubler par des tableaux cruels,
Redoutez les périls réservés aux mortels.
Résistez aux humains, à leurs douces caresses ;
Triomphez sans rougir de vos lâches foiblesses.
Accourez, sans dédains et sans regrets honteux,
Parmi ce saint troupeau et ces Frères pieux ;
Et sur le feu sacré qu'un encens légitime
Soit par vos mains versé, par un retour sublime :
Venez !.. osez vous mettre entre le ciel et moi ;
Disputez-lui mon âme, et mon cœur, et ma foi.
Que dis-je ? non, cruel ! redoutez ma présence ;
Gardez-vous d'approcher de ce lieu de clémence !
Je vous rends vos serments, ne pensez plus à moi ;
Vos protestations sont un manque de foi.
Pourquoi me retracer des traits qu'en vain j'oublie,
Ah ! tâchez de fléchir un Dieu que j'humilie !

8

LETTRE IX.

En quoi ! malheureux ami ! je vous croyais le fils de Dieu, et vous n'êtes encore que l'esclave des hommes et des honteux plaisirs du monde. Ah ! juste ciel ! jusques à quand la foiblesse des hommes trouvera-t-elle des autels dans un séjour si redouté, si fragile et si peu connu ? Non, ce n'est pas sur moi, trop endurci ami, que je pleure, c'est pour un ami prêt à succomber à toutes les tentations. Ah ! trop foible Alphonse ! vous l'avouerai-je ? s'il est des moments où j'abjure sincèrement mes fautes, en pensant à vous, je détruis l'ouvrage de la grâce, et vous me faites détester mon repentir : votre amitié et l'intérêt que je prends à vous sauver troublent mon repos, et me causent bien des maux ; mais le plus douloureux de tous serait de perdre le fruit de toutes mes exhortations et de vos promesses. Comment, en effet, haïr le péché, quand on en aime le complice ! Ah ! qu'il est difficile de confondre l'idée de la pénitence avec celle de l'amitié ! Quelle peine et quelle douleur pour une âme aussi sensible et aussi pénétrée que la mienne ! Oui, mon ami, je le conçois, ce n'est qu'en vous oubliant pour toujours, que j'atteindrai à ce jour fortuné où mon âme, affranchie de ses liens, goûtera cette tranquillité si désirée du juste. Hélas ! dans cette retraite paisible, faudra-t-il que l'espérance et le désespoir m'agitent tour à tour ? Serais-je donc enfin capable des plus grands sacrifices, si ce n'est de celui de vous abandonner à vous-même ! Venez donc, mon ami ! me tirer de cet état honteux ! venez m'inspirer une force nouvelle ! apprenez-moi le premier à triompher de l'amitié, à subjuguer la nature, à renoncer aussi à la vie, à vous et à moi-même ! Ah ! s'il est vrai que les peines partagées soient plus légères, venez donc dans cet asyle saint me raconter les vôtres, pour en éprouver moins la souffrance ! Ne me dites plus que vous voulez épargner mes larmes : votre silence et votre absence m'en arrachent plus que votre récit.

Non, je ne blâme pas, comme vous paraissez m'en accuser, l'innocent artifice que vous prenez pour consoler un ami jadis malheureux : la charité est ingénieuse, et je vous en loue. Vous êtes flatté, dites-vous, d'apprendre que nous vous nommons notre frère : n'en soyez point surpris ; s'il y avait dans la nature des termes plus tendres, nous nous en servirions pour vous attacher à nous, et vous rappeler vos promesses. Pour nous, si nous étions assez ingrats pour vous abandonner, cette église, ces autels et cette maison nous feraient assez ressouvenir de nos serments et de nos prières envers vous.

Vous nous dites souvent, mon ami, que vous priez, et que vous ne vivez pas dans l'oisiveté. Éloigné de nous, sachez que vous ne travaillez que pour vous, et qu'en agissant ainsi, vous dédaignez les richesses de l'Évangile, et que vous oubliez un troupeau qui vous suivrait sur la plus haute montagne. Je ne crains point, ô mon ami ! de vous parler au nom de mes frères. Puisse leur foi(ble) voix, à l'imitation de Saint Jérôme, vous appeler à la vertu ! comme Tertullien, vous prêcher la vérité ! et moi, comme Saint Augustin, vous parler de la grâce !

S.

Mes vœux, me dites-vous encore, ont rendu notre commerce épistolaire sans danger. S'il en est ainsi, vous pouvez aussi sans crainte venir faire un noviciat ; et, si je suis venu dans cette maison par raison et par inclination, venez me persuader d'y rester par vertu. Par là, vous vous épargnerez l'inquiétude et l'impatience d'attendre mes lettres ; et à moi les ménagements et les stratagêmes, pour vous les faire parvenir.

Ici, je vous le répète, il n'y a point de vide dans le cœur ; tout y est en repos, parce que tout y est content : charmés les uns des autres, nous vivons parfaitement heureux. Ah ! mon ami, si c'est une peine de vivre ainsi dans ce séjour de paix, je sens que je l'aime et la chéris malgré moi. Pourquoi donc vous étonner de ma philosophie, et surtout de l'oubli de nos maux et de mes malheurs ? Ces maux, ces malheurs, je les ai rapportés à l'Être suprême qui me les avait infligés ; et, si je ne vous en parle plus, c'est qu'à l'exemple de ce sage, je suis intimement persuadé qu'il y a de l'éloquence à se taire quand le malheur ne peut être exprimé.

D'où viennent donc, mon ami, parfois vos froideurs et votre indifférence pour mes conseils ? Est-ce que l'excès de ma tendresse aurait ralenti vos pieux élans ? Aurais-je trop mal défendu mon cœur et mon zèle à votre égard ? Avez-vous enfin oublié qu'en prononçant mes vœux, je jurai en même temps de mourir plutôt que de vous oublier ? Ainsi donc, au lieu de me faire rougir de penser à vous, pendant que je ne dois penser qu'à Dieu, cessez d'essayer de nous tromper ; et, pour notre consolation, laissez-nous un moyen de vous excuser ; puisque vous avez pu vous résoudre à ne me jamais voir, ne m'écrivez donc plus. Cependant, ami foible et timide, tremblez ! pensez que vos serments vous ont donné à Dieu, et lié à cette maison, et que désormais rien ne peut vous en séparer.

Pardonnez ! ô mon Dieu ! Est-ce votre grâce qui me fait ainsi parler, ou le désespoir de ne pouvoir arracher du monde un ami sensible et malheureux ? Insensé que je suis ! je ne devrais ici pleurer que mes péchés, et je gémis sur le sort d'un mortel que je rappelle et cherche à oublier tour à tour ! Pardonnez ! ô Dieu tutélaire ! à l'excès d'une foiblesse que je me reproche sans cesse.

Au lieu de feindre, mon ami, consolez-moi ; empêchez que je ne profane plus long-temps ma vocation, ou laissez-nous encore quelque apparence de vous voir en ces lieux, pour n'en sortir jamais. Sans changer de cœur, changez de conduite ; élevez comme moi votre esprit à Dieu; n'ayons de transports communs que pour sa gloire. Pensez donc plus souvent à nos frères ; souvenez-vous parfois de ma tendresse pour vous, et surtout de vos promesses ; charmez ces Frères, qui prient sans cesse et s'humilient pour vous. Ainsi donc, mon ami,

Si pour moi vous avez un reste d'amitié,
Souffrez qu'en ce séjour je demeure oublié;
Heureux si mon exemple, aux mortels trop rebelles,
Change leurs passions en des vertus nouvelles !
Vous êtes, mon ami, plus à plaindre que moi;
Esclave de vos sens, ils commandent en roi :
Nos prières ici perdent tout leur empire,
Quand c'est un cœur blasé qui seul nous les inspire.
Ici, vous le savez, Dieu connaît l'innocent:
Il l'aime, il le console et le rend plus clément.
Soyez donc confiant, et cessez de vous plaindre :
Une fois dans ce port, vous n'avez rien à craindre;

Aux pieds de nos autels je vous promets appui :
Venez sans hésiter à la voix d'un ami.
Mais quelle est cette voix qui gronde et qui murmure ?
Serait-ce des remords, ou vos maux que j'endure ?
Est-ce la voix du monde ? est-ce la voix du ciel ?
Qui vous arrête, Alphonse, et vous rend criminel ?
De mes sens égarés illusion cruelle !
Pourquoi donc, en secret pardonner un rebelle ?
Non ; ne m'écrivez plus, je l'implore à genoux :
Dieu tout puissant, encor calmez votre courroux !
La raison d'un ami remplaçant la folie,
Touchera votre cœur pour un fils qui supplie :
Il va, sur nos autels, au pied de cette croix,
Haïr des passions pour embrasser nos lois ;
Il va, tout attendri, les yeux baignés de larmes,
Se rendre dans ce lieu plein d'attraits et de charmes ;
La vertu sur ses sens reprendra son pouvoir ;
La voix de l'amitié comblera son espoir.
Alors, plus de soupçon d'un secret artifice,
Libre, seul, il aura l'honneur du sacrifice.
La paix sera rendue à son cœur agité
Que les plaisirs du monde avaient sans fin troublé.
Nos veilles, nos travaux, que la pensée effraie,
Ne seront qu'un effroi que le réveil égaie.
Des songes enchanteurs, fils de l'illusion,
Rappelleront son cœur à la religion.
De ses sens mutinés il deviendra le maître,
Et bénira le lieu qui doit le voir renaître.

LETTRE X.

Mon inclination, je vous le répète, cher Alphonse, s'accorderait bien avec la vôtre, pour entretenir un commerce de lettres ensemble; mais cette correspondance, dans la position où la Providence m'a placé, ne devient-elle pas dangereuse pour votre tranquillité et la mienne? Vous le savez, ô mon ami! il faut bien peu d'air pour enflammer le feu qui couve sous les cendres; et sommes-nous encore l'un et l'autre assez raffermis dans la voie du salut, pour nous exposer à ce vent contagieux? Pourquoi donc risquer de faire naufrage, quand on est sûr de bien aborder? Tranquilles dans ce port, abandonnons les mortels irascibles et audacieux qui veulent s'engager sur une mer orageuse, malgré le sage nautonnier qui cherche à les en préserver.

Destiné, cher Alphonse, par les vœux les plus solennels, à vivre dans le retraite la plus austère et la plus profonde, je dois souffrir et m'occuper de la pénitence de toutes mes erreurs et de toutes mes fautes passées. Imitez-moi, mon ami ! Soyez sourd aux discours tentateurs et séduisants des hommes qui veulent troubler votre repos. Oubliez-moi, si vous le pouvez, je vous y engage ; mais conservez-moi votre amitié dans la même pureté que lorsque je revêtis ces vêtements sacrés. Pour moi, malgré l'indécision des mouvements de mon cœur, qui me portent à répondre à vos touchantes et spirituelles lettres, je dois continuer de suivre les décrets de cette Providence, de cette voix céleste, qui m'excitent sans cesse à vous attirer en ces lieux solitaires.

Cependant, avec honte je l'avoue, la méditation, l'éloignement de mes frères et les endroits les plus écartés de cette maison ne peuvent détruire ici votre image : je vous y vois chaque jour, à la tête d'une troupe de jeunes Lévites consacrés à adorer le Seigneur. Il me semble vous voir et vous entendre, avec cette douceur qui vous est si naturelle, les exhorter à une piété fervente, et à nos savantes oraisons ; je vois encore les Anges descendre du ciel pour vous placer au rang de cet heureux troupeau. Mais, ô peine ! ô tristesse ! Pourquoi faut-il qu'éloigné de nos autels et rentré dans notre cloître, votre absence détruise tout le bonheur que l'idée de votre présence ici me procurait !

N'attribuez donc plus à de l'indifférence le long intervalle que je mets à répondre à vos lettres. Sans doute il doit être bien difficile d'oublier un ami prêt à entendre la voix de la grâce et du repentir ; mais votre repentir, mais votre hésitation à répondre à notre saint appel ont dû refroidir votre souvenir. Pourtant, consolez-vous, vous avez part à toutes nos prières. Pourquoi ces reproches ? Faut-il donc, pour vous plaire, que j'oublie le ciel et mes devoirs, pour ne penser qu'à vous ? Est-ce donc là ces pensées et les approches de cette grâce que vous regardiez comme maîtresse de votre cœur ? Vous voulez, dites-vous, briser une chaîne qui vous tient attaché aux voluptés de ce monde, et vous me retracez sans cesse les désordres affreux qui vous y précipitent ? Ce crime, décoré des ornemens de la vertu, glisse in-sensiblement dans votre âme un poison emmiellé qui vous perdra en vous séduisant. Mais, hélas ! que servent toutes mes exhortations près d'un ami encore enclin au plaisir ? Ne serai-je point cet aveugle qui veut faire voir la lumière. Ah ! je le sens : vous seul grand Dieu, pouvez changer les cœurs et arracher de l'âme d'un ami le trait qui le déchire, et lui défend d'obéir.

Vous craignez, dites-vous aujourd'hui, que votre vocation soit plutôt la suite d'une obéissance aveugle pour moi, que l'effet d'une inspiration divine. Rassurez-vous, mon ami : quoique votre retour ne m'ait jamais paru bien sincère, ce retour, tout foible qu'il est, ne peut venir que d'en-haut : c'est-à-dire, d'une source pure, d'où découlent toutes les actions et les pensées agréables à l'Éternel. Ne perdez donc pas courage, mon ami ; le passage du vice à la vertu, et du monde à la retraite est immense : il faut passer par les épreuves les plus rudes pour y parvenir ; espérez donc. Un Être suprême veille sur vous, et vous prépare une route parsemée de fleurs et d'épines. Redoutez moins, mon ami, cette timidité qui vous fait voir du faux dans votre vocation. En n'écoutant que les premiers mouvements de votre cœur, vous apprendrez plus tard que c'est la voix du Seigneur qui vous a appelé près de lui ; et, au lieu de balancer, priez-le d'achever son ouvrage. Quant à moi, je n'ai fait aucun sacrifice lorsque j'ai abandonné le monde : les hommes pervers et méchants m'avaient arraché tout ce qui semblait faire mon unique bonheur. En me retirant dans ce cloître, je n'ai offert, sur l'autel d'un Dieu miséricordieux, que les débris d'un vaisseau battu et brisé par la tempête : la retraite était le seul port où je devais trouver mon salut. Quels plaisirs pouvais-je désormais espérer d'un monde qui m'avait fait tant de mal ? Pour vous, cessez vos promesses de retraite : pensez qu'on peut lasser le ciel, mais jamais le tromper. Le Seigneur, qui vous pénètre et qui connaît vos plus secrètes pensées, connaît aussi le retard de votre vocation, et peut un jour vous en punir....

C'est donc avec sincérité et le plus profond attachement pour vous, que je vous exhorte à espérer avec patience une guérison que le ciel vous a promise, à en juger par ce qu'il a déjà opéré en vous. S'il vous laisse encore combattre vos passions, ne vous en alarmez pas : ce sont là les armes qu'il met entre les mains de ses élus, pour les aider à remporter une victoire complète ; et, si les effets en sont longs, du moins ils en sont sûrs. Aussi, au lieu de redouter la mort, craignez plutôt sa suite ; rappelez-vous qu'après elle, il ne vous restera que les remords, la crainte et nul espoir d'heureux souvenirs.

Douce et terrible mort, ton secours seul nous reste ;
Fatale preuve, hélas ! d'un espoir trop funeste !
O ciel ! secourez-nous, dans ces extrémités,
Et daignez secourir deux amis attristés !
L'un désire des vœux, qui lui semblent terribles ;
L'autre voit des devoirs à remplir impossibles.
Il pardonne au coupable, hait sa fragilité :
Comment de ses remords voir la fidélité ?
Non, non, trop cher ami, croyez à ma tendresse ;
Mais anéantissez le penchant qui vous blesse.
D'une vive amitié Dieu sera le vainqueur ;
Ici, votre retour fera tout mon bonheur.
Que le sort d'un mondain est bien digne d'envie,
Lorsque sans murmurer il voit une autre vie !
L'Éternel le bénit et comble ses souhaits :
Son âme et ses désirs sont en tout satisfaits.
Son cœur, pur, innocent, jouit d'un heureux calme,
Attend sans murmurer des bienheureux la palme ;
Quand sur ses yeux la nuit sème ses doux pavots,
Paisible et sans remords, il se livre au repos ;
Des Séraphins brillants, par d'innocents mensonges,
Font naître et voltiger les plus aimables songes.
Il entend quelquefois un bruit sourd et trompeur ;

Mais il est repoussé par un ciel enchanteur,
Soudain son cœur ému de bonheur, tombe, expire,
Et prend enfin l'essor vers le céleste empire.

LETTRE XI.

A l'instant, une lettre de vous vient de m'être remise. En l'ouvrant, mon cœur s'était flatté d'y trouver un ami réconcilié avec son Dieu et prêt à venir partager la solitude chérie de son frère. Illusion cruelle où l'amitié nous entraîne ! en croyant trouver de la consolation, vous irritez mes peines. Vous l'avouerai-je, ô trop coupable ami ! chaque ligne de votre lettre a porté dans mon âme mille nouveaux coups. Ah ! pour vous rendre dans la voie du salut, et calmer vos disgrâces, deviez-vous me réduire à me plaindre de vous ? Oui, je le sens, cher Alphonse ! j'ai porté trop loin le zèle et l'amitié ; vous deviez m'en punir sans pitié. Il est vrai, des transports plus forts que ma vertu, comme vous paraissez le croire, m'ont excité à vous appeler avec instance dans cette sainte maison ; mais, si toutes ces actions annoncent de la foiblesse, devez-vous me rendre coupable de ma volonté ? Avez-vous déjà oublié, que, pour vous, mon cœur, plein de complaisance et de bonté, modéra votre conduite et les fougueux transports de votre jeunesse ? que, fuyant le monde et ses appas trompeurs, les liens d'un cloître me parurent toujours plus solides et plus doux ? que votre ami n'a jamais été dévoré de la soif des plaisirs, et n'a jamais arrêté sa pensée sur ses sens ? Cruel ! si vos malheurs m'ont arraché quelques plaintes, devais-je en ressentir des remords ? Objet infortuné de tant d'ennemis, me blâmerez-vous encore d'avoir cherché à vous y soustraire, pour venir jouir d'un calme céleste, et vivre parmi des frères amis jaloux de vous posséder ?

Monde injuste et cruel ! que votre haine est grande ! Vous punissez un ami que Dieu console ; et, malgré vos calomnies atroces et dégoûtantes, il trouvera le bonheur et la force de vous haïr et mépriser, dans un lieu inconnu aux méchants.

Rougissez donc maintenant, injuste Alphonse, de votre aveuglement, et reconnaissez enfin le prix de mon amitié et de mon attachement pour vous. Au lieu de m'affliger, venez soutenir ma foiblesse, venez partager ou régler mon affection pour vous. Si, encore une fois, c'est trop exiger de vous, du moins ne m'écrivez plus, et ne me dites point que dans la crainte où vous êtes de ne pouvoir imiter la vertu de nos frères, vous n'osez de vos maux faire gémir nos grilles. Ah ! pourquoi nous épargner ? Venez plutôt épuiser toutes nos larmes : nos yeux ne pourront trop en donner à vos malheurs ! En vous voyant parmi nous, croyez-le, mon ami, ce sera un des plus beaux jours de notre vie !

Vos lettres, il est vrai, nous rassurent et nous consolent parfois. Elles nous parlent ; nous y voyons vos moindres mouvements, votre hésitation, vos craintes, vos désirs et vos empressements. Interprètes éloquents, vos lettres rassemblées nous disent tout ce que l'on se dirait ensemble ; nous concevons aussi que, quelquefois plus hardies, elles servent mieux votre imagination, parce que l'austère pudeur que nous exigeons ne contraint point vos ardentes pensées ; mais, si nous vous pardonnons ce plaisir innocent, mais si nous vous laissons confusément exprimer votre cœur, devez-vous blâmer notre silence ? Mes Frères et moi, ne condamnons point votre attendrissement; nous reconnaissons l'amitié, même jusques dans vos emportements ; mais mon ami, pourquoi ces plaintes, ce trouble, cette agitation, lorsque vous pouvez suspendre vos ennuis, et vous y dérober ? D'où vient cette coupable hésitation ? Encore une fois, ô mon frère ! séchez vos larmes, et venez grossir ce troupeau de cénobites, jaloux de vous posséder et de joindre votre nom aux leurs; ce nom, qui renferme en lui vos devoirs et les nôtres. Ainsi, au lieu de vous irriter, imitez notre juste silence, et accourez sans différer dans ce cloître, nous rendre témoins de votre piété et de l'oubli bien sincère

des vanités et des horreurs d'un monde
petit et pervers.

C'est alors qu'on saura qu'à la face des cieux,
Alphonse, repentant autant que malheureux,
A d'un monde trompeur fui le triste assemblage,
Devoué de tout temps au luxe, au brigandage ;
Que, dans cette maison, cet asyle sacré
Où de Dieu nuit et jour le nom est adoré,
Alphonse, pénitent, vertueux et sensible,
Consacra tous ses jours sans contrainte pénible.
On saura qu'en ce cloître, aux pieds de ces autels,
Il fut, par sa sagesse, en exemple aux mortels ;
Que, dans un temple saint, à l'abri des blasphèmes,
Il oublia ses maux et ses peines extrêmes ;
Qu'héritier d'Adam, coupable comme lui,
Son cœur avait besoin de secours et d'appui ;
Que Dieu l'ayant formé sur son divin modèle,
La copie en doit être et sincère et fidelle ;
Qu'auteur de ses péchés, il vient les expier,
Et prier l'Éternel de les tous oublier.
On ne le verra plus, trahissant ses promesses,
Se nourrir follement d'ardeurs enchanteresses,
Et la grâce, en son cœur allumant son flambeau,
Changera l'homme ancien, pour former le nouveau.
Alors, nul plus heureux que deux amis fidelles,
A l'abri des méchants, de leurs langues cruelles,
Que des rapports divins et des liens sacrés
Ont, malgré des pervers, étroitement serrés ;
Dont les sens, transportés de la plus douce ivresse,

Leur offrent un Dieu bon, approuvant leur tendresse.
Heureux ! heureux cent fois ces Frères repentants,
Trouvant en l'Éternel des soins si consolants !
Pour eux des jours sereins s'élèvent sans nuage,
Et sont dans ce saint lieu toujours exempts d'orage;
Un doux et court sommeil leur peint, les yeux ouverts,
Les merveilles du ciel, qu'offrent tout l'univers ;
Pour eux, sa loi, d'accord avec l'humble nature,
Redouble aussi leur foi, par sa riche parure.
Des rêves séduisants leur montrent le néant
Que leur fait désirer un prodige imposant ;
Là, frappé sans effroi de crainte et d'espérance,
La mort vient révéler sa suprême science;
Ils invoquent cet ombre, ils lui tendent les bras,
Regardent sans péril un aussi doux trépas :
Ce néant, à leurs yeux, et sa triste lumière
Leur répètent ces mots : l'homme n'est que poussière!

LETTRE XII.

Ne m'écrivez plus ! non, ne m'écrivez plus, mon cher Alphonse ; bientôt le dépôt de ma dépouille mortelle, triste reste de la fragile

10.

nature, va finir un commerce épistolaire qui a pu rendre jusqu'à ce jour mes mortifications infructueuses. Ah! pourquoi si long-temps s'abuser? Pourquoi flatter encore mon idée des plaisirs et d'un bonheur passé? Pourquoi enfin, par une vie agitée, troubler la douceur que je goûte dans cette douce solitude?

Avant que je rende ce dernier soupir, je vous exhorte à ne plus conserver d'images coupables dans les rigueurs de la pénitence, que vous anéantirez, n'en doutez pas, par une mortification de corps, d'esprit, une solitude continuelle et de profondes méditations. À l'exemple des Saints, détachez votre âme de la terre, des créatures, et enfin d'elle-même (si j'ose m'exprimer ainsi); rappelez-vous que quelque grands efforts que l'on fasse, on est toujours très-éloigné de cette sublime divinité, à laquelle nos yeux mêmes ne peuvent atteindre. Ah ! cher Alphonse ! où m'emporte une céleste imagination ? Hélas ! que nous sommes éloignés de cette heureuse situation ! Il n'est que trop vrai, mon ami, malgré votre dissimulation, votre cœur est encore en proie à des penchants et à des irrésolutions blâmables dont vous n'avez pas le courage de triompher ; et moi, je dois vous l'avouer avec honte, je trouve dans le mien un trouble et une inquiétude dont je ne puis me défendre. Vos lettres, je ne puis vous le taire, m'ont tendrement ému : j'ai soupiré ; j'ai versé des larmes, et toute ma raison a suffi à peine pour cacher ma foiblesse aux yeux de mes Frères.

Oui, malheureux ami ! tel a été l'état affreux de votre mourant Alcide ! Que l'erreur aussi du peuple est grossière, quand il a pu s'imaginer que les peines et les malheurs m'avaient forcé de fuir les hommes, comme, si ma philosophie ne m'eût pas donné assez de force et suggéré mille moyens pour supporter des peines passagères, pour m'affranchir et mépriser un monde injuste et pervers! Non, cher Alphonse, vous le savez, le seul motif de ma retraite est un ordre secret du ciel : la grâce seule m'a entraîné dans cet asyle où, à l'abri de la perfidie des humains, je jouis du calme le plus heureux. Il en est bien autrement de vous, ô mon ami! vos lettres m'apprennent que vous êtes encore asservi aux vains plaisirs d'un monde frivole; encore une fois, si vous n'en triomphez au plus tôt, renoncez à la grâce, à votre tranquillité et à votre salut. Rebelle à la voix qui vous appelle et à ses divines inspirations, c'est en vain que vous essaierez de sécher vos pleurs et de calmer des craintes que le démon seul suscite. Soyez donc plus ferme, cher Alphonse, et pensez que si dans la solitude on pleure et expie des péchés, c'est pour posséder ce ciel tant outragé! « Oui, » mon ami, je vous le répète : c'est » dans les monastères que les hommes » sont éprouvés comme l'or l'est » dans le creuset. » Non, rien de plus vrai que cette pensée. En effet, personne ne peut long-temps y demeurer, s'il ne porte dignement et avec résignation le joug du Seigneur.

Tel est, Alphonse, le sort de la postérité du premier homme, qui l'a condamné à toujours souffrir, pour avoir perdu sa première félicité. Ainsi donc, il en est temps encore, remédiez au mal, dès qu'il se fait sentir; en le laissant croître, vous n'en serez plus le maître, et ne pourrez le guérir. En effet, mon ami, dans le monde, le désir des plaisirs a ses degrés. D'abord, la pensée en est toute innocente ; puis l'imagination la reçoit sans alarmes ; ensuite, on s'en forme un bonheur qui nous flatte et nous enivre. Plus tard, nous nous y arrêtons, nous y consentons, enfin nous nous perdons ! Il faut donc, ô mon ami ! que, dans l'état où je suis, vous me bannissiez pour toujours de votre pensée : le souvenir d'une personne qui nous fut chère est nuisible, quelqu'avancé que l'on soit dans le chemin du salut. Vous ne parviendrez donc plus à la pratique de toutes les vertus, qu'en détruisant le penchant que vous avez pour les plaisirs d'ici-bas ; et, tant que votre âme ne sera pas résolue à quitter avec joie ce misérable corps où elle est attachée, attendez-vous, je vous le prédis, à voir le caractère de votre réprobation sur ce grand livre de vie.

Adieu, mon ami ! mon Alphonse ! mon frère ! Adieu ; adieu pour toujours. Voilà les derniers conseils de l'amitié. Fasse le ciel que vous en profitiez pour la dernière fois ! Écoutez les plus saintes maximes évangéliques, que j'ai cherché à vous persuader et à vous inculquer ; et, si j'ai possédé votre amitié, vous devez vous laisser conduire par mon zèle. Fasse le ciel que l'image et le souvenir de votre Alcide, en vous attendrissant, vous excite à répandre autant de larmes pour votre salut que nous en avons répandu pendant le cours de nos malheurs et de nos infortunes ! Ma mémoire me les représentera toujours fidellement ; et, à regret je vous l'avoue, elles font toute ma peine en mes derniers moments. La mort aussi, que je n'avais regardée jusqu'à ce jour que de loin et sans effroi, s'offre maintenant à mon imagination comme elle se présente aux pécheurs. Votre souvenir enfin me fait, à ma dernière heure, autant de mal qu'il me faisait jadis de plaisir. Vos dernières lettres, loin de me calmer, m'ont accablé; enfin, la seule consolation qui me restait, celle de vous voir parmi nos Frères, m'étant ravie, m'a fait une peine que je ne puis exprimer !

Ne vous abusez donc plus, mon ami; songez qu'il n'est de véritables jouissances sur la terre, que celles que procurent la vertu et la religion: le cœur, au milieu d'un grand monde et de ses délices, ressent toujours une certaine amertume ; il est agité, inquiet, et ne retrouve sa paix que dans un doux recueillement.

O paix ! ô douce paix ! fille chaste du ciel !
Calme pour un instant le trouble d'un mortel
Qui persiste à brûler pour un peu de poussière,
En oubliant un Dieu touché de sa misère !
Hélas ! si dans des temps de bonheur, de plaisirs,
Vous sûtes protéger de coupables désirs,
Écartez aujourd'hui ces ivresses trompeuses
Qui nous laissent toujours des traces si fâcheuses !
Fais qu'il jouisse encor de ces transports divins
Qui rapprochent du ciel, éloignent des mondains !
Préservez un ami de ces funestes fêtes
Qui creusent nos tombeaux et pèsent sur nos têtes !
Faites que sa raison reprenne son pouvoir :
Fille sage du ciel, soyez tout son espoir !
Sur ce cœur jeune encor prêt à la jouissance
Suspendez un instant votre douce vengeance ;
Puisque dans ce couvent Alphonse veut entrer,
De votre bonté seule il doit tout espérer.
Aux célestes esprits il mêlera ses chants,
Et fléchira le ciel par ses accords touchants.
Aux douceurs des plaisirs son cœur inaccessible
Bravera sans regret un penchant invincible.
Un bonheur sans mélange embellira ses jours,
Objet de doux désirs, qu'il implora toujours.
Tranquille, indifférent sur des plaisirs passés,
Tous ses jours sans remords se verront écoulés
Ciel ! que sur vos autels, les yeux baignés de larmes,
J'ai d'un ami coupable éprouvé les alarmes !
En holocauste saint je me suis présenté
Pour sauver un roseau par les vents agité.

Soutenez, Tout-Puissant, cette fleur languissante
Qui ne se raffermit que d'une main tremblante !
Calmez son cœur ! rompez des liens criminels,
Qui trompent les mondains et blessent les mortels !
Que son esprit troublé reprenne son empire,
Et le tire au plus tôt d'un profane délire !
Enfin, pour l'oublier je dois me préparer :
En secret, Dieu, plus fort, a su se déclarer.
Grand Dieu ! prenez pitié de ma foiblesse humaine ;
Pour lui comme pour moi n'aggravez pas ma chaine.
Cher Alphonse, oubliez que je fus votre ami ;
Souffrez que votre nom chez moi soit en oubli.
Libre de vos liens, redevenu vous-même,
Dieu fera pour toujours votre bonheur suprême.
Imitez mon exemple, admirez mon trépas :
Alcide vous en prie, et Dieu vous tend les bras.
Cher ami ! c'en est fait ; à mes maux je succombe :
C'est à la Melleray que l'on creuse ma tombe.
Hélas ! puisque sans vous je dois fermer les yeux,
Puisse un même tombeau nous renfermer tous deux !
Puisse notre épitaphe en ces mots être écrite :
Là, gisent deux amis : mondain, bénis leur fuite !

FIN.

www.ingramcontent.com/pod-product-compliance
Lightning Source LLC
Chambersburg PA
CBHW070520100426
42743CB00010B/1879